Ernährungs-Doc Dr. Matthias Riedl

DIE NEUE POWER-KÜCHE

unter Mitarbeit
von Kathrin Halfwassen

Inhalt

Anhang

Die Icons bei den Rezepten

VEGAN vegan

VEGGIE vegetarisch

FIX in maximal 20 Minuten fertig

PREP lässt sich gut vorbereiten

TAKE AWAY perfekt zum Mitnehmen

Vorwort

Liebe Leserin, lieber Leser,
während ich das Vorwort zu diesem Buch schreibe, ahne ich bereits: Ich werde darauf neben vielen positiven Rückmeldungen auch sehr kritische, wenn nicht gar diffamierende Nachrichten bekommen. Denn Long Covid ist ein relativ neues Krankheitsbild, das deshalb bislang kaum erforscht ist. Letzteres gilt, obwohl die Krankheit seit Jahrzehnten als solche anerkannt ist, auch für das Chronische Fatigue-Syndrom (CFS), das häufig als Folgeerkrankung von Covid-19 auftritt. Entsprechend ist eine Ernährungstherapie gegen Long Covid und CFS, wie ich sie in dem Buch vorschlage, zwangsläufig experimentell. Und das wird Zweifler auf den Plan rufen, die nicht anerkennen wollen, dass eine optimale Ernährung unser wichtigster Verbündeter im Kampf gegen Krankheiten ist – besonders bei solchen, die wie Long Covid und CFS auf entzündlichen Prozessen beruhen. Eine Kritik, die man häufig hört: Wir Ernährungsmediziner würden eine schwere Krankheit verharmlosen. Das Gegenteil stimmt! Denn wir nehmen alle Patientinnen und Patienten, ihre körperliche Verfassung und ihren Ernährungsstatus sehr ernst. Und: Wir wollen möglichst die Ursachen behandeln, statt nur Mittel gegen Symptome zu verschreiben. Ernährungstherapie sollte daher die Behandlungsbasis JEDER Krankheit sein, also auch bei Long Covid und CFS. Hier zwei Hauptgründe:

- Nur ein richtig ernährter Körper kann seine Selbstheilungskräfte ausschöpfen – und bei Long Covid kommt es gerade darauf an, dass der Körper sein Immunsystem richtig einsetzt.

- Eine Ernährungstherapie behandelt Mangelzustände, die sich durch die westliche Ernährung ergeben und die bei Long Covid eine wichtige Rolle spielen. Eine Unterversorgung mit Eisen etwa verschlechtert die Immunabwehr und ein Mangel an Omega-3-Fettsäuren verschlimmert autoimmune Prozesse, die wir bei Long Covid sowie CFS beobachten.

Ganz klar: Mit der Ernährungstherapie gegen Long Covid und CFS betreten wir Neuland. Das haben wir im medicum Hamburg allerdings schon sehr oft getan – und das sehr erfolgreich. Etwa bei Krankheiten wie Endometriose oder ADHS, für die es keine oder nur sehr radikale Behandlungsmöglichkeiten gibt, bei denen eine Ernährungstherapie aber gut anschlägt. Dass eine Anpassung des Speiseplans auch Long-Covid- und CFS-Symptome mildern wird, weiß ich aus Erfahrung: Ich habe damit inzwischen gut zwei Dutzend Patientinnen und Patienten behandelt. Die allermeisten hatten danach sehr viel mehr Energie als zuvor, auch klangen, vor allem bei Long Covid, die meisten Beschwerden ab. Zwei Dutzend Betroffene – das klingt vielleicht wenig. Es ist aber viel angesichts der Skepsis gegenüber einer Ernährungstherapie als Behandlungsoption. Die Liste potenziell wirksamer Therapiemethoden insbesondere bei Long Covid ist zwar lang – von Medikamenten über Blutwäsche und die Gabe isolierter Vitamine bis hin zu Elektroschocks –, die Ernährungstherapie aber empfehlen nur die wenigsten Ärzte ihren Patientinnen und Patienten. Und so müssen Long-Covid- und CFS-Betroffene meist in Eigenregie den Weg zu mir finden. Viele von ihnen haben bei Bekannten oder Angehörigen erlebt, wie gut eine Ernährungstherapie etwa gegen Diabetes geholfen hat.

Dass wir auch bei Long Covid erfolgreich waren, hat mich nicht überrascht. Denn die Beschwerden beruhen auf entzündlichen Prozessen und einer Fehlregulation des Immunsystems – Mechanismen also, die wir auch von anderen Krankheiten kennen. Bei rheumatoider Arthritis zum Beispiel richtet sich das Immunsystem ebenfalls gegen den eigenen Körper, es kommt zu chronischen Entzündungen. Dagegen hat die Ernährungstherapie weltweit inzwischen in hunderttausenden Fällen geholfen. Und so kann ich guten Gewissens sagen: Ich bin sicher, dass eine Ernährungstherapie bei Long Covid und CFS hilft.

Ich möchte mit dem Buch allen Betroffenen echte Hoffnung machen! Denn ich erkläre Ihnen die Prinzipien, nach denen Sie Ihre Ernährung auf artgerecht und antientzündlich umstellen sollten. Sie finden über 60 Rezepte, mit denen Sie diese Prinzipien leicht umsetzen können. Ich habe mit meinem Team bei der Rezeptentwicklung darauf geachtet, dass die Gerichte mit möglichst wenig Zutaten auskommen und einfach umzusetzen sind – schließlich sehe ich jeden Tag in meiner Praxis, welche Kraftanstrengung Alltagsaufgaben für Long-Covid- und CFS-Patienten bedeuten. Trotzdem empfehle ich Ihnen, die Energie, die bleibt, möglichst oft ins Kochen zu stecken! Sehr wahrscheinlich wird sich bei einer Ernährungsumstellung Ihre Symptomatik nach einigen Wochen bessern. Einfach, weil Sie Ihren Körper mit allem versorgen, was er braucht. So kann das Immunsystem wieder gut arbeiten und Entzündungsprozesse werden gebremst. Das Beste: Im Gegensatz zu anderen Behandlungsmethoden müssen Sie bei einer Ernährungstherapie keine negativen Nebenwirkungen befürchten. Positive Nebenwirkungen dagegen werden sich sehr zuverlässig einstellen – etwa ein paar Kilo weniger, sollten Sie übergewichtig sein, oder bessere Zuckerwerte, wenn Sie an Diabetes leiden.

Ich wünsche Ihnen viel Kraft – und alles Gute!
Herzlich, Ihr

»Wer die Wirkmacht gesunder Lebensmittel in der Theorie versteht, wird seine Ernährung in der Praxis motivierter umstellen.«

HILFREICHE ERNÄHRUNGSTIPPS FÜR MEHR ENERGIE

WAS SIE WISSEN MÜSSEN

Worin liegen die Ursachen für Long Covid und CFS? Wie kann eine artgerechte und antientzündliche Ernährung die Symptome lindern und den Akku Betroffener neu aufladen? Welche Nährstoffe sind besonders wichtig und welche Lebensmittel liefern sie? Diese Fragen beantworten die nächsten Seiten, damit klar wird, warum die Rezepte im Buch so gut wirken.

Long Covid im Kurzporträt – die typischen Symptome

Lange haben Mediziner Patienten mit Long-Covid-Beschwerden nicht ernst genommen. Inzwischen aber kennen Forscher einen ganzen Katalog an Beschwerden. Dazu liefert die Wissenschaft Fragebögen und Selbsttests, die Menschen helfen zu erkennen, ob sie betroffen sind – und wenn ja, wie schlimm die Lage ist.

Die 19-jährige Frau, die drei Monate nach einer Covid-19-Erkrankung nicht mehr 100 Meter am Stück laufen kann. Die 47-Jährige, die etwa acht Wochen nach der Infektion mit dem SARS-CoV-2-Virus Anzeichen einer Demenz entwickelt – und weitere acht Wochen später arbeitsunfähig ist. Und der 65-Jährige, der vier Monate im Krankenhaus gegen das Coronavirus angekämpft hat und nun aufgrund von Kurzatmigkeit und Muskelschmerzen selbst beim Essen Unterstützung benötigt. Diese drei Menschen gehören zu den Long-Covid-Patienten, die ich selbst kenne. Drei extreme Fallbeispiele, die zeigen, was Long Covid bedeuten kann. Hinter ihnen stehen hunderttausende Betroffene mit bestenfalls weniger gravierenden, trotzdem aber belastenden Long-Covid-Beschwerden. Viele haben eine Odyssee von Arzt zu Arzt hinter sich, weil das Krankheitsbild anfangs so neu war, die Beschwerden so unverständlich und unerklärlich schienen.

Alles nur Hysterie?

Ganze 200 typische Symptome haben Mediziner inzwischen ausgemacht: Das Beschwerdebild bei Long Covid ist also extrem diffus. Und damit ein Grund, weshalb Betroffene es lange so schwer hatten, Gehör zu finden – und es mitunter tatsächlich noch immer haben. Wie schwer genau, beweist allein die Tatsache, dass einige Ärztinnen und Ärzte die Beschwerden lange als eingebildet abgetan und Patienten einfach nach Hause geschickt haben – mit der Empfehlung, sich doch mal richtig auszuschlafen (auch das habe ich selbst im Bekanntenkreis erlebt!).

Diese Psychologisierung körperlicher Symptome, das Abtun von Patienten als hysterische Simulanten, ist in der Medizingeschichte typisch für neu auftretende Krankheitsbilder wie Long Covid. Krankheiten also, deren Symptome unklar und unspezifisch sind, deren Ursachen noch nicht geklärt sind – und die in der Mehrzahl Frauen betreffen. Inzwischen aber sind die Long-Covid-Fälle so zahlreich, die Zahlen so erschreckend, dass kein Patient mehr weggeschickt wird, weil er etwa angibt, „eine Art Nebel im Kopf zu haben" oder nach dem Duschen den Rest des Tages erschöpft im Bett verbringen zu müssen.

Der PCS-Score: hilfreicher Selbsttest

Die Forschung zu Long Covid nimmt rasant zu, weltweit beschäftigen sich Wissenschaftler Dutzender Disziplinen mit der Frage, wie Long Covid entsteht und welche Therapien helfen. Was inzwischen für die meisten geklärt ist: Bei Long Covid handelt es sich um eine eigenständige Krankheit, die den ganzen Körper betreffen kann. Doch wie häufig sind die einzelnen Symptome? Und wie stark beeinträchtigen sie den Alltag und die Lebensqualität Long-Covid-Betroffener? Damit Patienten und Mediziner das leichter beurteilen können, hat ein Forscherteam der Universität Kiel ein Klassifikationsmodell entwickelt, den sogenannten PCS-Score.

Dafür befragten die Wissenschaftler mehr als 1400 Patienten, die an Covid-19 erkrankt waren, mehrfach und das frühestens neun Monate nach der Infektion. Sie erkundigten sich nach Langzeitsymptomen und danach, wie die Patienten ihre aktuelle Lebensqualität einschätzten. Anschließend fassten die Forscher die genannten Beschwerden in zwölf Symptomkomplexe zusammen und vergaben ihnen Punkte. Je mehr Symptome die Probanden aufwiesen und je höher ihr Punktewert ausfiel, desto schlimmer war die Long-Covid-Erkrankung und desto beeinträchtigter die Lebensqualität im Alltag. Das Maximum liegt bei 59 Punkten, ab 26,5 Punkten beginnt ein „schweres Post-Covid-Syndrom". Der Test ist auf der folgenden Seite abgebildet. Er hilft Betroffenen, ihre Symptome einzuordnen und zu erkennen, wie ausgeprägt Long Covid bei ihnen ist und wie dringend sie ärztlichen Rat einholen sollten. Dazu macht es der Test leichter, sich auf ein eventuelles Arztgespräch vorzubereiten.

Auch den Verlauf beobachten

Es gibt noch weitere Instrumente, um die Long-Covid-Schwere selbst einschätzen zu können. So hat ein europäisches Forscherteam, dem auch Wissenschaftler der Charité Berlin angehörten, ein Flussdiagramm entwickelt. Dieses fasst die gesamte Bandbreite möglicher Einschränkungen infolge von Long-Covid-Symptomen zusammen und findet sich auch in den offiziellen Leitlinien zur Behandlung (www.awmf.org). Damit können Betroffene auf einen Blick ablesen, wie stark Long-Covid-Symptome ihren Allgemeinzustand beeinträchtigen – insbesondere im Vergleich mit der Situation vor der Coronainfektion. Zudem hilft das Diagramm, den Krankheitsverlauf zu dokumentieren, denn der Check soll alle vier Wochen wiederholt werden. Wichtig: Ab Grad 2 sollten Sie unbedingt ärztlichen Rat einholen, falls Sie es noch nicht getan haben – am besten in einer der spezialisierten Post-Covid-Ambulanzen oder -Schwerpunktpraxen, die es in vielen Orten gibt.

LONG COVID, POST COVID – EINE BEGRIFFSKLÄRUNG

Wer nach einer Covid-19-Erkrankung zum Arzt geht, weil er sich weiterhin nicht gut fühlt, kommt oft verwirrt aus den Gesprächen: Ärztinnen und Ärzte nutzen viele verschiedene Namen für das Beschwerdebild. Eine einheitliche Definition gibt es bislang nicht. Am häufigsten genutzt wird eine Unterscheidung, die sich auf den Zeitpunkt bezieht, an dem die Beschwerden auftreten:

- Dauern Symptome bis maximal 4 Wochen nach der Ansteckung an, handelt es sich um eine „akute" Covid-19-Erkrankung.
- Bestehen die Beschwerden fort, spricht man von einer „andauernden symptomatischen" Covid-19-Erkrankung.
- Sind die Symptome 3 Monate nach der Infektion mit den SARS-CoV-2-Viren noch nicht verschwunden oder neu aufgetreten, sprechen Ärzte von einem „Post-Covid-Syndrom".
- Der wichtigste Begriff, „Long Covid", fasst den gesamten Zeitraum nach der akuten Krankheitsphase zusammen. Er umfasst also sowohl Symptome, die länger als 4 Wochen andauern, als auch Beschwerden, die danach hinzukommen oder wiederkehren.
  In dem Sinne verwende ich den Begriff „Long Covid" in diesem Buch.

Sie wollen Ihren persönlichen PCS-Score ermitteln?

Dann addieren Sie die Punkte aller folgenden Symptombereiche, die auf Sie zutreffen:

Fatigue (7 Punkte)

Mit dem Begriff „Fatigue" bezeichnen Mediziner einen außergewöhnlichen Energiemangel. Darunter leiden etwa Krebspatienten nach einer Chemotherapie oder Menschen mit Chronischem Fatigue-Syndrom (CFS; siehe Seite 20). Betroffene sind dann plötzlich nicht mehr so leistungsfähig wie sonst und bewältigen Alltagsaufgaben weniger gut oder gar nicht mehr. Im Extremfall fehlt Menschen die Energie, ihre Kinder zu versorgen oder sich die Zähne zu putzen. Typisch für eine Fatigue: Versuchen Betroffene, „sich zusammenzureißen" und trotz Erschöpfung zu funktionieren, kommt es zum „Crash" und der Energiemangel verstärkt sich anschließend lang anhaltend.

Husten und Keuchen (7 Punkte)

Husten gehört zu den typischen Symptomen einer Infektion mit Erkältungsviren. Entsprechend häufig tritt er auch bei Covid-19 auf – er verschwindet normalerweise aber wieder, wenn die Erkrankung ausklingt. Viele Long-Covid-Patienten husten und keuchen jedoch weiter oder fangen Wochen nach Ende der Erkrankung erneut damit an. Bei einigen Betroffenen zeigen sich Vernarbungen im Lungengewebe, die derartige Beschwerden auslösen können. Allerdings quälen Husten und Keuchen auch viele Patienten, die keine Organveränderungen aufweisen.

Neurologische Beschwerden (6,5 Punkte)

„Was wollte ich sagen/einkaufen/erledigen?" Wie ein Demenzkranker spontan Dinge zu vergessen, bildet ein weiteres schwerwiegendes Symptom von Long Covid. Oft fällt es Betroffenen schwerer, sich länger am Stück zu konzentrieren – etwa um ein Buch zu lesen. Hinzu kommen Schwindel, Kopfschmerzen, gestörte Sinnesempfindungen, motorische Defizite, Tremor, Wortfindungsstörungen, mentale Erschöpfung sowie Schwierigkeiten, sich zu orientieren. Viele können keinen klaren Gedanken mehr fassen, sprechen von „Nebel im Gehirn" („Brain Fog") oder davon, die Welt wie in Watte gepackt wahrzunehmen. Typisch: Unter Stress verstärken sich diese kognitiven Einschränkungen.

Gelenk- und Muskelschmerzen (6,5 Punkte)

Dieses Long-Covid-Symptom kann nur einzelne Gliedmaßen oder Körperregionen betreffen – häufig Schultern und Nacken, unteren Rücken, Hüften und Knie – oder den ganzen Körper. Als Ursachen werden mangelnde Bewegung und langes Liegen angenommen, ausgelöst durch andere Symptome wie eine Fatigue. Beides kann die Muskeln schwächen, Verspannungen und Verhärtungen auslösen und so die Schmerzen verstärken. Schäden an Nerven und Muskulatur infolge der Covid-19-Infektion gelten als weitere mögliche Ursachen.

HNO-Beschwerden (5,5 Punkte)

Heiserkeit, Halsschmerzen und eine laufende Nase: Auch diese Symptome klingen bei Long-Covid-Betroffenen häufig nach der Infektion nicht ab. Oder sie treten später (neu) wieder auf.

Magen-Darm-Beschwerden (5 Punkte)

Viele Covid-19-Patienten zeigen Symptome wie Magenschmerzen, Durchfall, Übelkeit und Erbrechen – aber keine Atemwegsprobleme. Diese Beobachtung belegt, dass das Coronavirus auch die Verdauungsorgane angreifen kann. Bei Long Covid bleiben diese Symptome oft bestehen: Genauso können sie vereinzelt oder gemeinsam auftreten.

Schlafstörungen (5 Punkte)

Zahlreiche Menschen hierzulande leiden darunter, nicht ein- oder durchschlafen zu können. Und in vielen Fällen ist dies auch ein Symptom von

Long Covid. So kann etwa der Stress, den Long-Covid-Beschwerden auslösen, die Schlafqualität mindern und dazu führen, dass man sich beim Aufwachen nicht erholt fühlt – trotz ausreichender Schlafdauer.

Belastungsintoleranz (4 Punkte)
Eine Runde Fußball oder Squash spielen, einmal um den Block joggen oder einfach nur schnell spazieren gehen? Für viele Long-Covid-Betroffene ist das unmöglich: Sie leiden schon bei geringen Belastungen unter Luftnot und Kurzatmigkeit, fachsprachlich „Dyspnoe" genannt. Bei einigen Patienten aber braucht es nicht einmal Sport: Ihnen bleibt die Luft schon dann weg, wenn sie eine kleine Treppe hochlaufen oder staubsaugen. Dies könnte bei vielen Patienten an einer (oft leichten), aber anhaltenden Herzentzündung (Myokarditis) liegen.

Anzeichen einer Infektion (3,5 Punkte)
Auch wenn die akute Covid-19-Erkrankung vorbei ist, fühlen sich viele Long-Covid-Patienten so, als hätten sie sich gerade angesteckt. Sie leiden also beispielsweise unter Schüttelfrost, Fieber und allgemeiner Abgeschlagenheit.

Chemosensorische Defizite (3,5 Punkte)
Das Coronavirus befällt das Geruchssystem direkt – häufig gehört ein plötzlicher Riech- und Schmeckverlust zu den ersten Symptomen einer Covid-19-Infektion. Auch bei vielen Long-Covid-Betroffenen schmeckt das Essen (weiterhin) nach nichts oder nicht viel. Dies deutet darauf hin, dass die Viren den Riechnerv und damit Zellen des Gehirns befallen.
Mitunter kommt es auch zur besonders belastenden „Parosmie": Dinge riechen dann anders, meist schlechter als gewohnt: ein Kaffee beispielsweise nach Kot oder ein Apfel nach einem Brand. Beides erschwert es Patienten enorm, genügend zu essen, weshalb ihnen ein Nährstoffmangel droht. Immerhin: Die Parosmie ist ein Zeichen, dass sich die Nervenzellen des Geruchssystems erneuern und der Geruchssinn sehr wahrscheinlich wiederkehrt (siehe Seite 18).

Schmerzen in der Brust (3,5 Punkte)
Unter Brustschmerzen und einem Engegefühl leiden normalerweise vor allem Patienten mit Herzerkrankungen. Sie treten jedoch genauso bei Long Covid auf und zeigen damit an: Das Coronavirus zieht auch das Herz-Kreislauf-System in Mitleidenschaft – und das in gleichem Maße bei sehr jungen Patienten.

Dermatologische Symptome (2 Punkte)
Hautausschläge, Nesselsucht, Juckreiz und vor allem Haarausfall gehören zu den typischen dermatologischen Beschwerden, die Long-Covid-Betroffene zeigen. Meist treten sie schon in der akuten Infektionsphase auf, mitunter aber kommen sie auch als neue Symptome erst Wochen später dazu. Darüber hinaus können bestehende Hauterkrankungen wie Neurodermitis unter Long Covid wieder aufflammen.

Ihr Ergebnis:
Diese Auflistung illustriert, wie außerordentlich vielfältig die Symptomatik von Long Covid ist. Liegt Ihr Gesamtwert über 26,5, sollten Sie auf jeden Fall eine Ärztin oder einen Arzt aufsuchen!

Sie wollen sich vorab zunächst genauer informieren und orientieren? Unter www.awmf.org finden Sie die offizielle Leitlinie der medizinischen Fachgesellschaften zur Long-Covid-Behandlung. Diese wird laufend aktualisiert. Und auf www.longcovid-info.de stellt die Bundeszentrale für gesundheitliche Aufklärung jede Menge nützliches Material bereit, beispielsweise Fragen für das Arztgespräch und Anlaufstellen für eine mögliche Reha-Maßnahme. Weitere hilfreiche Adressen finden Sie im Anhang dieses Buchs (siehe Seite 164).

Die Suche nach den Ursachen

Long Covid ist für die Forschung oft noch ein Rätsel. Das gilt auch für die Mechanismen, die die Symptome auslösen. Mittlerweile sind vier Hauptursachen identifiziert: Diese erklären nicht nur die Vielfalt an Beschwerden, sondern liefern zugleich Ansatzpunkte für eine effektive Ernährungstherapie.

Bei vielen Krankheiten sind die Auslöser klar – und entsprechend auch die Therapiemöglichkeiten. Beispiel Diabetes Typ 1: Die Bauchspeicheldrüse produziert kein Insulin mehr, das Zucker aus dem Blut in die Zellen schleust, weshalb der Blutzuckerspiegel steigt. Spritzen Betroffene Insulin, läuft der Stoffwechsel wieder. Bei Long Covid dagegen ist die Sache sehr viel komplizierter. So wenig es die eine Long-Covid-Symptomatik gibt, so wenig gibt es die eine Ursache dafür.

Laut Modellrechnungen sind weltweit mindestens 65 Millionen Menschen von Long Covid betroffen. Doch es liegt noch kein definiertes Krankheitsbild vor. Der kausale Zusammenhang zwischen Long Covid und den Symptomen ist also nicht bewiesen und keine der möglichen Ursachen final bestätigt. Zumindest in einigen Fällen kann ein zufälliges Zusammentreffen nicht ausgeschlossen werden. Das heißt: Eventuell ist eine Krankheit, die vor der Infektion unerkannt war, im Zuge einer SARS-CoV-2-Infektion symptomatisch geworden. Hinter Lungenbeschwerden könnte Asthma stecken, hinter Verdauungsproblemen eine chronische Darmentzündung.

Noch keine Biomarker

Was die Sache besonders schwierig macht: Bislang gibt es keine Möglichkeit, Long Covid über eine Blut- oder Urinuntersuchung nachzuweisen. Denn es fehlen sogenannte Biomarker, etwa Proteine oder Hormone, deren Vorhandensein oder abnormale Konzentration auf Long Covid hinweisen könnte. So, wie ein erhöhter Antikörperspiegel gegen Bauchspeicheldrüsengewebe und ein niedrigerer Insulinwert im Blut einen Diabetes Typ 1 anzeigen. Immerhin: Zumindest bei den Prozessen, die ursächlich hinter Long Covid stecken könnten, ist die Wissenschaft mittlerweile weiter. Sie kennt diese vier Hypothesen, die sich mehr und mehr bestätigen:

Versteckte Virusherde

Forscher sind inzwischen sicher: SARS-CoV-2-Viren können sich tief in verschiedenen Gewebearten verstecken, sich dort weiter vermehren und auf diese Weise (teilweise zeitlich verzögert) eine chronische Infektion auslösen. Dadurch wird das Immunsystem konstant auf Trab gehalten, chronische Entzündungen sind die Folge. Diese „Coronavirus-Geister", wie ein Forscher sie nannte, würden erklären, warum manche Covid-19-Patienten zunächst genesen, einige Wochen später aber (erneut) starke Long-Covid-Symptome entwickeln.

Dass Viren sich tatsächlich verstecken können, wissen Mediziner von anderen Infektionskrankheiten wie Ebola. Hier fanden Wissenschaftler im Ejakulat betroffener Männer noch drei Jahre nach ihrer Infektion virales Material, das bei den Probanden unter anderem mit Augenbeschwerden und Gelenkschmerzen verbunden war. Ähnliches zeigen inzwischen immer mehr Studien für SARS-CoV-2-Viren: Demnach können sowohl die Viren selbst (RNA) als auch Antigene gegen selbige noch Monate nach der akuten Covid-19-Erkrankung im Körper zirkulieren. Beides fanden Forscher etwa in der Leber, der Galle und in den

Lymphknoten Betroffener – auch bei solchen, die bereits ein halbes Jahr zuvor negativ getestet worden waren. Bei der Obduktion ungeimpfter Verstorbener fanden Forscher vermehrungsfähige Viren darüber hinaus im Darm, im Herz und sogar im Gehirn. Selbst bei einem Mann, der 230 Tage zuvor erstmals Symptome hatte.

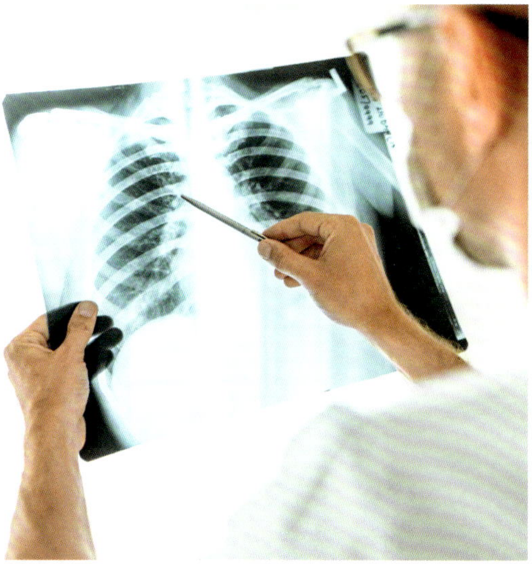

Autoimmunität

Die zweite mögliche Hauptursache für Long Covid sehen Wissenschaftler in einer Autoimmunität, die durch eine Covid-19-Erkrankung getriggert wird. Autoimmunität bedeutet: Das Immunsystem ist derart überaktiviert, dass es nicht mehr nur krankheitsauslösende Erreger angreift, sondern fälschlicherweise auch körpereigene Zellen als Feinde betrachtet. Als Folge bildet es Autoantikörper aus, die sich gegen den Körper richten und Gewebe zerstören. Das führt ebenfalls zu chronischen Entzündungsprozessen, die das Immunsystem weiter anheizen. Auch dieser Zusammenhang, wonach Infektionskrankheiten eine Autoimmunität auslösen können, ist schon länger bekannt. Zum Beispiel lässt sich nach einer Infektion mit dem Epstein-Barr-Virus oft eine Autoimmunität beobachten, die mitunter zum Chronischen Fatigue-Syndrom führt (siehe Seite 20).

LONG COVID: HARTE FAKTEN

- Mindestens 10 Prozent der Coronavirus-Infizierten leiden danach an Long Covid.
- 63 Prozent der Long-Covid-Patienten sind Frauen; Menschen im jungen und mittleren Erwachsenenalter sind öfter betroffen.
- Zu den Long-Covid-Risikofaktoren zählen: ein schwerer Covid-19-Verlauf, ein schlechter Ernährungsstatus, Vorerkrankungen wie Adipositas, Diabetes und Asthma sowie psychosoziale Faktoren wie Einsamkeit.
- Vorbeugung ist, abgesehen vom Vermeiden einer (erneuten) Infektion, kaum möglich. Immerhin zeigen Studien inzwischen klar: Impfungen verringern das Risiko, an Long Covid zu erkranken, sehr deutlich.

Reaktivierung anderer Viren

Alle Menschen tragen Keime in sich, die Erkrankungen auslösen könnten, dies aber nicht schaffen – teilweise ein Menschenleben lang nicht. Einfach, weil es dem Immunsystem gelingt, beispielsweise Viren gut zu neutralisieren. Leiden Patienten aber an einer Covid-19-Erkrankung, bindet das die Abwehrkräfte des Körpers möglicherweise so stark, dass zu wenige für die Bekämpfung anderer Viren übrig bleiben und die Erreger zuschlagen können. Entsprechend zeigten Blutuntersuchungen, dass bei einigen Long-Covid-Patienten zum Beispiel Epstein-Barr-Viren oder andere Herpesviren reaktiviert waren.

Gewebe- und Gefäßschäden

Die vierte Hauptursache für Long Covid betrifft vor allem jene Betroffenen, die einen schweren Infektionsverlauf hatten und im Krankenhaus behandelt werden mussten, eventuell sogar auf der Intensivstation. Diese Patienten weisen oft teils massive Gewebeschäden in verschiedenen Organsystemen auf, etwa in Lunge und Herz. Diese Schäden beeinträchtigen die Organfunktionen und lösen auf diese Weise typische Long-Covid-Beschwerden aus, wie zum Beispiel Kurzatmigkeit. Zudem versucht der Körper, die Schäden zu reparieren: Diese Prozesse kosten Energie und können so weitere Symptome auslösen.

Wichtig: Alle vier Mechanismen hinter Long Covid können der Forschung zufolge gemeinsam oder nacheinander auftreten und sich auch überlappen. Eine psychische Ursache schließen Wissenschaftler inzwischen aus. Psychische Beschwerden können aber eine Folge der Erkrankung sein, da sie die Betroffenen im Alltag stark einschränkt und belastet.

SPÄTFOLGEN DROHEN!

Egal, wie leicht die Covid-19- und Long-Covid-Symptome waren oder sind – Betroffene sollten sie ernst nehmen und gegensteuern. Um so das Risiko für diese Spätfolgen zu senken:

Gefäß- und Organschäden

Die Viren befallen und töten Endothelzellen, die die Blutgefäße auskleiden. Dies kann die Funktion aller Organe beeinträchtigen. Zudem bilden sich häufiger Gerinnsel, die zu Schlaganfällen und Embolien führen.

Demenz

Besonders im Gehirn sterben viele Zellen ab: Das verringert die Durchblutung, im Extremfall kommt es zu plötzlicher Demenz.

Herzerkrankungen

Vergleichsstudien zeigen: Noch ein Jahr nach einer Infektion mit SARS-CoV-2-Viren ist das Risiko für Herzschwäche, Herzinfarkt, Herzrhythmusstörungen und plötzlichen Herztod deutlich erhöht.

Das Immunsystem ist daueraktiviert

Egal, welche Hauptursache hinter den Symptomen steckt, die Folge ist immer die gleiche: Das Immunsystem von Long-Covid-Betroffenen ist überlastet, beschädigt, fehlgeleitet oder überaktiviert. Laufen die Abwehrkräfte derart auf Hochtouren, verbrauchen sie viel Energie, die an anderer Stelle fehlt. Dies erklärt Hauptsymptome von Long Covid wie Müdigkeit, Schwindel, Brain Fog und Erschöpfung. An sich sind diese Beschwerden sogar sinnvoll, weshalb sie sich auch bei anderen Infektionskrankheiten zeigen: Die Schwäche soll dem Immunsystem durch eine Art Schonung Kraft geben. Werden aber die Entzündungen, die das Immunsystem auf den Plan rufen, chronisch, wie es bei Long Covid der Fall zu sein scheint, arbeiten die Abwehrkräfte im Dauermodus. Dann bleiben auch die Symptome dauerhaft – aus Müdigkeit wird eine Dauererschöpfung.

Wie Ernährungstherapie helfen kann

Die gute Nachricht: Bei Long Covid besteht, anders als bei anderen chronischen Entzündungskrankheiten wie etwa Multipler Sklerose, die Chance auf Genesung. Einzige Voraussetzung oder Ausnahme: Die Organschäden dürfen nicht zu groß sein. Um die Heilungschancen zu erhöhen, gilt es einerseits, die zugrunde liegenden entzündlichen Prozesse so weit wie möglich zu bremsen, und andererseits, das Immunsystem zu stärken. Dass beides mithilfe angepasster Ernährung gelingen kann, ist in der Forschung inzwischen unbestritten.

Und ich erlebe es in meiner Praxis jeden Tag. Ein Grund: Bei umfangreichen Entzündungen stellen Mediziner immer wieder einen Nährstoffmangel fest, dabei insbesondere eine Unterversorgung mit bestimmten Vitaminen, Mineralstoffen und Spurenelementen, wie Vitamin A, den Vitaminen der B-Gruppe sowie Eisen, Zink und Selen. Diese Mangelzustände können konkrete Symptome verursachen, gerade neurologische wie Schwäche, und behindern die Arbeit des Immunsystems. Das Gute ist: Sie lassen sich über eine Ernährungstherapie sehr gut beheben. Ein Beispiel ist rheumatoide Arthritis, eine Autoimmunkrankheit, bei der chronische Gelenkentzündungen langfristig Knorpel, Knochen und Bänder zerstören. Stellen Betroffene ihren Speiseplan konsequent auf artgerecht und antientzündlich um, gehen die inflammatorischen Prozesse oft derart zurück, dass Patienten schmerzfrei werden und ihre Rheumamedikamente absetzen können. Die weitere Zerstörung der Gelenke wird gestoppt. Andere entzündliche Erkrankungen, bei denen eine Ernährungstherapie sehr gut hilft, sind Neurodermitis, Asthma, Morbus Crohn oder Colitis ulcerosa.

Abwarten ist keine Option

Zwar bessern sich bei vielen Long-Covid-Betroffenen die Beschwerden nach einigen Wochen oder Monaten von selbst. Einfach abwarten sollte trotzdem niemand. Denn: Je länger die Symptome anhalten, desto höher ist das Risiko, dass diese chronisch werden. Und das fühlt sich nicht nur entsetzlich an, es erhöht auch das Risiko für teils dramatische Spätfolgen (siehe Kasten links). Stattdessen sollten Patienten aller Erschöpfung zum Trotz möglichst schnell mit einer multifaktoriellen Behandlung beginnen. Das Ziel: die Selbstheilungskräfte des Organismus aktivieren und wieder Vertrauen in den eigenen Körper gewinnen, der durch Long Covid so unberechenbar geworden zu sein scheint. Betroffene, die unter einer depressiven Symptomatik leiden, ist eine Psychotherapie angeraten.

Andere Behandlungsbestandteile lassen sich in Eigenregie umsetzen, wie etwa mehr Bewegung in den Alltag zu integrieren (siehe Seite 44), vor allem aber die Ernährungsumstellung. Was dabei wichtig ist und wie sie Ihnen gelingt, erkläre ich Ihnen ab Seite 22.

NEUES AUS DER FORSCHUNG

Wie wirken sich Lebensstil-Faktoren auf das Long-Covid-Risiko aus? Wie lässt sich die Krankheit möglicherweise vorhersagen? Und welche klinischen Befunde am Herz stecken hinter der Belastungsintoleranz von Betroffenen? Wissenschaftler haben sich mit vielen Fragen befasst – und spannende Erkenntnisse gewonnen.

Lebensstil beeinflusst Long-Covid-Prozess

Wie eine Ernährungstherapie konkret gegen Long Covid wirkt, dazu gibt es bislang keine Studien. Viele Beobachtungen zeigen aber: Die Bedeutung des Lebensstils für die auslösenden Prozesse ist kaum zu überschätzen. Forschende der Harvard University analysierten die Daten von knapp 2000 weiblichen Pflegekräften, die zwischen April 2020 und November 2021 an Covid-19 erkrankt waren und bereits vorher regelmäßig Fragebögen ausgefüllt hatten. Jene, die sich im Alltag an mindestens fünf von sechs anerkannten Regeln für ein gesundes Leben hielten, wiesen ein um 50 Prozent verringertes Long-Covid-Risiko auf. Die sechs günstigen Lebensstil-Faktoren sind: ein Body-Mass-Index von 18,5 bis 24,9, der Verzicht auf Rauchen, mindestens 150 Minuten moderate bis intensive körperliche Aktivität pro Woche, eine hochwertige Ernährung, höchstens ein moderater Alkoholkonsum (5–15 g pro Tag, also 60–200 ml Wein) und ausreichend Schlaf (7–9 Stunden täglich).

URSACHE: HERZMUSKELENTZÜNDUNG

Typische Herz-Kreislauf-Symptome von Long Covid, etwa Belastungsintoleranz (siehe Seite 11), Brustschmerzen und Herzrasen, beruhen oft auf Entzündungen des Herzens. Zu diesem Fazit kam ein Forscherteam am Uniklinikum Frankfurt, das 346 Patienten mit mildem Covid-19-Verlauf zweimal mit einem leistungsstarken MRT untersuchte – vier und elf Monate nach der Infektion. 252 Teilnehmer litten an kardialen Symptomen, die Routineuntersuchungen nicht erklären konnten. Das MRT offenbarte Folgen einer leichten, anhaltenden Herzmuskelentzündung (Myokarditis), die laut der Autoren die kardialen Beschwerden der Patienten erklärten.

Der eigene Körper als Feind

Autoimmunität gilt als mögliche Hauptursache für Long Covid. Entsprechend zeigte eine Studie: Unter Infizierten gab es drei bis 15 Monate nach der Ansteckung auch einen Anstieg bei den Diagnosen anderer Autoimmunkrankheiten um 43 Prozent. Für ihre Untersuchung hatten Forscher vom Dresdner Uniklinikum Krankenkassendaten von 640 000 Patienten analysiert, die sich 2020 mit SARS-CoV-2 infiziert hatten. Sie verglichen die Informationen mit Daten dreimal so vieler Versicherter, die sich nicht infiziert hatten. Beide Gruppen ähnelten sich in Merkmalen wie Alter, Geschlecht und Vorerkrankungen. Am häufigsten neu diagnostiziert wurden Hashimoto-Thyreoiditis und Morbus Basedow, die Hauterkrankung Psoriasis sowie Rheumatoide Arthritis und das Sjögren-Syndrom.

BALLASTSTOFFE ALS HELFER

Ein US-amerikanisches Forscherteam hat einen weiteren Beleg dafür geliefert, dass Störungen des Zuckerstoffwechsels und der Darmflora ein Long-Covid-Risikofaktor und Ballaststoffe entscheidend für die Ernährungstherapie sind. Die Mediziner behandelten gut 500 übergewichtige bis fettleibige Covid-19-Patienten über zwei Wochen mit dem Diabetesmedikament Metformin. Dies reduzierte nicht nur das Risiko für schwere Covid-19-Verläufe: Zudem war auch das Risiko für Long Covid um 42 Prozent verringert, verglichen mit Studienteilnehmern, die nur ein Placebo erhalten hatten. Bekamen Probanden das Metformin spätestens vier Tage nach dem Einsetzen der Symptome, reduzierte sich das Long-Covid-Risiko sogar um 63 Prozent. Metformin hemmt die Glukose-Neubildung in der Leber und verbessert die Darmflora, die bei Menschen mit Störungen des Zuckerstoffwechsels häufig verändert ist. Damit fördert es die Bildung kurzkettiger Fettsäuren, die helfen, den Zuckerstoffwechsel zu normalisieren. Spannend: Ganz ähnlich wirken auf natürliche Weise Ballaststoffe.

Mögliche Long-Covid-Marker

Die Konzentration bestimmter Proteine im Blut könnte laut einer Langzeitstudie Long Covid vorhersagen. Im März 2020 begleitete ein Forscherteam des University College London 165 Beschäftigte des britischen Gesundheitssystems und analysierte deren Blut. 54 Probanden infizierten sich mit SARS-CoV-2. Der Vergleich der Blutergebnisse ergab: Eine spezielle Konzentration von 20 Proteinen in der ersten Blutprobe nach der Diagnose zeigte an, ob ein Patient später an Long Covid erkrankte. Die meisten Eiweiße stehen in Verbindung mit gerinnungs- und entzündungshemmenden Prozessen – Mechanismen also, die zu den Hauptproblemen bei Long Covid zählen. Die Auswertung ergab eine Genauigkeit des Bluttests von 94 Prozent. Weitere Studien folgen.

Riechverlust: Das können Sie tun

Etwa sechs von zehn Covid-19-Patienten leiden an Riech- und Schmeckstörungen. Bei vielen kehrt die Geruchswahrnehmung auch nach überstandener Infektion nicht zurück. Das Gute: Es gibt Hinweise, dass sich der Geruchssinn langfristig erholt – und Betroffene selbst etwas dazu beitragen können.

An der Kaffeedose schnuppern – und nichts wahrnehmen. Den Partner umarmen, den Kopf in seine Schulterbeuge legen – und nicht die geliebte Nähe riechen. Das Lieblings-Thaicurry kochen – und nichts schmecken außer süß, sauer, salzig und bitter. Ganz klar: Wie stark die Nase unser Wohlbefinden beeinflusst, fällt meist erst auf, wenn der Geruchssinn nur noch eingeschränkt (sogenannte Hyposmie) oder gar nicht mehr (Anosmie) funktioniert. Aktuell sind Hunderttausende davon betroffen: Schätzungen zufolge bleibt bei fünf bis 15 Prozent aller Patienten, die infolge einer Covid-19-Erkrankung einen Riechverlust erleiden, dieser Sinn über Monate oder sogar Jahre hinweg zumindest beeinträchtigt. Ihr Alltag wird dadurch nicht nur freudloser, sondern auch gefährlicher: So können wir beispielsweise erst durch das komplexe Zusammenspiel von Geschmacks- und Geruchssinn erkennen, ob ein Lebensmittel genießbar ist oder schon verdorben. Kommt eine Parosmie dazu, schmecken Lebensmittel also anders (meist schlechter) als zuvor, droht außerdem Untergewicht, weil Betroffene dann das Essen vermeiden.

Wie kommt es zum Riechverlust?

Erkranken Menschen an Covid-19, gelangen die SARS-CoV-2-Viren in der Nase bis ganz nach oben zum sogenannten Riechepithel, der Riechschleimhaut. Diese misst drei bis fünf Quadratzentimeter und beherbergt unter anderem zehn Millionen Riechzellen sowie sogenannte Stützzellen, die die Riechzellen zum Beispiel mit Nährstoffen versorgen. SARS-CoV-2-Viren infizieren und beeinträchtigen diese Stützzellen und damit den Riechsinn. Klingt die Infektion ab, so die Annahme, regenerieren sich die Stützzellen, können wieder normal arbeiten – und der Riechsinn kehrt zurück. Bleibt er gestört, liegt das wohl nicht mehr an den Viren, sondern an einer überbordenden Immunreaktion, wie ein Team US-amerikanischer Forscher herausfand. Für eine Studie untersuchten sie Proben der Riechschleimhaut von Menschen mit anhaltend gestörtem Riechsinn. Und stellten dabei fest: Es waren massiv T-Zellen in das Gewebe eingewandert und hatten Entzündungsreaktionen ausgelöst, obwohl gar keine SARS-CoV-2-Viren mehr nachweisbar waren. Außerdem war die Zahl der Geruchsnervenzellen deutlich verringert – offenbar hatte die anhaltende Entzündung das Gewebe der Riechschleimhaut geschädigt. Die Wissenschaftler wollen nun erforschen, wie sich die Immunreaktionen und die Reparaturprozesse so beeinflussen lassen, dass der Geruchssinn – zumindest teilweise – zuverlässig zurückkehrt.

Aktuelle Therapieoptionen

Aktuell gibt es keine Therapie für Long Covid, alle Ansätze sind noch in der Erforschungsphase. Viele Entzündungen lassen sich mit Glucocorticoiden – umgangssprachlich Kortison – behandeln. Deshalb versuchten Forscher für eine Studie, den Riechverlust mit dem Kortisonpräparat Prednisolon zu behandeln. Das Medikament unterdrückt Reaktionen des Abwehrsystems und kann daher Symptome von Autoimmunerkrankungen wie Rheuma lindern. Doch die Untersuchung zeigte:

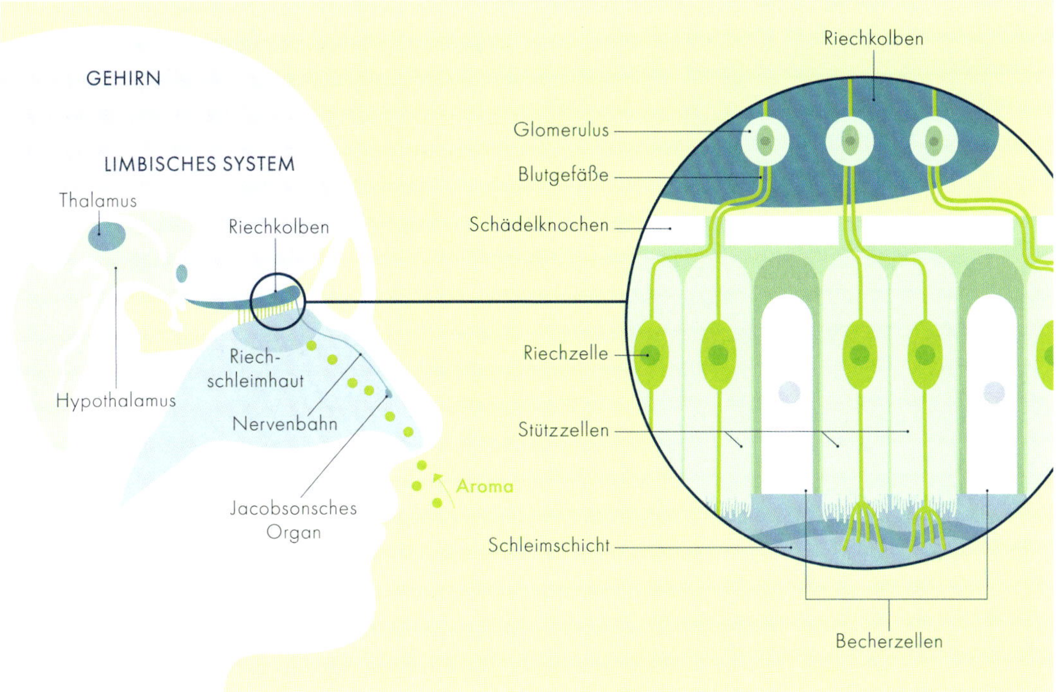

Damit wir Aromen wahrnehmen können, muss die ausgeklügelte Mechanik unseres Riechsinns reibungslos funktionieren. SARS-CoV-2-Viren sorgen für Fehler im System, sie greifen vor allem Stützzellen an.

Eine zehntätige Behandlung mit Prednisolon hatte keinen Einfluss darauf, ob der Geruchssinn zurückkehrte – und wenn er es tat, beschleunigte sie den Vorgang nicht.

Vielversprechender ist ein Riechtraining: Dieses wird schon seit Jahren bei Patienten eingesetzt, die infolge eines Infekts nicht mehr riechen können. Für eine Studie übten Probanden, die seit einer Covid-19-Infektion länger an Riechverlust litten, über zwölf Wochen lang mit ätherischen Ölen: Zweimal täglich schnupperten sie jeweils 15 Sekunden an vier verschiedenen Düften. Die eine Hälfte trainierte mit selbst gewählten Düften, die andere Hälfte mit den vorgegebenen Varianten Zitrone, Rose, Nelke und Eukalyptus. Je die Hälfte der Teilnehmer beider Gruppen betrachteten während des Trainings zusätzlich ein Bild, das die jeweiligen Pflanzen zeigte. Eine fünfte Kontrollgruppe absolvierte kein Riechtraining. Das Ergebnis: Am besten schnitt jene Gruppe ab, die mit dem vorgegebenen Duftset trainiert und dabei die Bilder der Pflanzen angeschaut hatte. Hier gaben 46 Prozent am Ende an, „etwas besser" oder „deutlich besser" riechen zu können. In der Kontrollgruppe waren es 19 Prozent. Da das Riechtraining nicht teuer ist und keine Nebenwirkungen hat, sollten Betroffene es versuchen.

So trainieren Sie richtig

Besorgen Sie sich Duftessenzen oder ätherische Öle in den Sorten Zitrone, Rose, Nelke und Eukalyptus – diese gibt es auch fertig als Riechtrainingsset. Üben Sie morgens vor dem Frühstück und abends vor der letzten Mahlzeit. Wichtig ist, dass Sie das Training konsequent über mehrere Wochen durchhalten! Es ist relativ unaufwendig und lässt sich gut in den Alltag integrieren.

Diffuse Symptome: Chronisches Erschöpfungssyndrom

In vielen Symptomen ähnelt das Chronische Fatigue-Syndrom (CFS) dem Krankheitsbild von Long Covid, allerdings fallen die Beschwerden oft stärker aus. Lesen Sie hier, was beide Krankheiten verbindet und warum eine Ernährungsumstellung auch Patienten mit CFS helfen kann.

Menschen, die am Chronischen Fatigue-Syndrom leiden, finden nur sehr selten den Weg in meine Praxis. Zum einen überweist kaum ein Arzt Betroffene an mich für eine Ernährungstherapie. Zum anderen raubt ihnen die Krankheit oft extrem viel Kraft, sodass sie sich jedes Milligramm Energie aufsparen, um etwa einmal zu duschen oder überhaupt aufzustehen. Ähnlich wie bei Long Covid mussten CFS-Betroffene lange dafür kämpfen, ernst genommen zu werden. Denn obwohl die Krankheit seit Jahrzehnten definiert ist, waren die Beschwerden medizinisch lange Zeit nicht erklärbar und wurden oft als psychosomatisch abgetan. Mitunter geschieht dies heute noch.

Diffuse Symptomatik

Mittlerweile sind psychische Ursachen – wieder ähnlich zu Long Covid – vom Tisch. Und es gibt eine eindeutige Beschreibung des Krankheitsbilds: CFS (auch „Myalgische Enzephalomyelitis/ME" genannt) ist eine chronische neuroimmunologische Krankheit, die den ganzen Körper betrifft. Sie schränkt die Leistungsfähigkeit der Patienten extrem ein: Zur totalen körperlichen Erschöpfung, der Fatigue, kommt eine geistige. Betroffene können sich oft kaum konzentrieren und keinen klaren Gedanken fassen (Brain Fog).

Ebenfalls typisch ist die sogenannte Post-Exertional Malaise (PEM). Dabei verschlechtern sich die Symptome nach Alltagsanstrengungen, häufig genügen dafür schon kleinste Aktivitäten. Diese Verschlechterung kann einen Tag oder mehrere Monate anhalten. Darüber hinaus leiden Betroffene oft unter Kopf- und Muskelschmerzen, Schlafstörungen und Magen-Darm-Beschwerden. Die Ähnlichkeit zu Long Covid ist frappierend, jedoch sind CFS-Patienten im Alltag meist noch stärker beeinträchtigt, im schlimmsten Fall bettlägerig und pflegebedürftig.

Multifaktorielle Ursachen

Mediziner sehen viele verschiedene Auslöser für CFS, einige ähneln den potenziellen Ursachen von Long Covid. So könnte ein fehlreguliertes Immunsystem die Erschöpfung der Betroffenen erklären: Bei vielen beginnt die Krankheit nach einer bakteriellen oder viralen Infektion, etwa mit dem Epstein-Barr-Virus. Als weitere Ursachen gelten Störungen im Energiestoffwechsel der Zellen, im Nerven- sowie im Gefäßsystem. Forscher vermuten ein Zusammenspiel verschiedener Faktoren, auch Umweltgifte, Stress und Gene könnten eine Rolle spielen. Häufig geht CFS mit weiteren unspezifischen, ähnlich schwer zu diagnostizierenden Multisystemerkrankungen einher, beispielsweise dem Mastzellaktivierungssyndrom, bei dem bestimmte Immunzellen entgleisen.

Keine ursächliche Behandlung

Wiederum ähnlich wie bei Long Covid fehlen aufgrund der unklaren Entstehung von CFS allgemeine Therapieansätze. Vielmehr muss die Behandlung jeweils individuell auf die Betroffenen zugeschnitten sein. Daher dauert es oft Jahre, ehe Patienten eine gezielte Therapie erhalten, was sie körperlich, psychisch und finanziell zusätzlich belastet.

Die Behandlung zielt darauf ab, Symptome zu lindern – etwa mit Medikamenten, die Schmerzen und Schlafstörungen reduzieren und den Kreislauf stabilisieren. Dazu müssen Betroffene Entspannungstechniken einüben und lernen, mit der sogenannten Pacing-Strategie ihre Grenzen wahrzunehmen (siehe Seite 40). Auch gibt es erste Hinweise, dass eine individuelle Immun-Apherese, bei der bestimmte Autoantikörper aus dem Blut gewaschen werden, einigen Patienten helfen kann. Wichtig: Anders als bei anderen Erkrankungen, die mit massiver Erschöpfung einhergehen (wie etwa Depressionen) ist es bei CFS-Patienten nicht angebracht, sie zu mehr Aktivität zu animieren. Dies führt in den meisten Fällen dazu, dass sich die Symptome verschlechtern.

CFS: HARTE FAKTEN

- Seit 1969 ist das Chronische Fatigue-Syndrom von der WHO als neurologische Krankheit anerkannt.
- 17 Millionen Menschen weltweit leiden laut Schätzungen an ME/CFS, in Deutschland sind es etwa 300 000. Die Dunkelziffer ist allerdings hoch.
- Frauen erkranken doppelt so häufig.
- Die Hälfte der Betroffenen ist arbeitsunfähig.
- Studien zufolge könnte jeder hundertste Covid-19-Patient ME/CFS entwickeln.
- Verglichen mit Krankheiten, die ähnlich häufig auftreten, ist die Forschung zu ME/CFS seit Jahrzehnten unterrepräsentiert und unterfinanziert. Durch die vielen Long-Covid-Patienten mit CFS-ähnlicher Symptomatik dürfte sich das laut Experten aber ändern.

Ernährungstherapie als Option

CFS geht also mit großem Leid einher – und mit wenig Hoffnung. Eine Ernährungsanpassung kann ich trotzdem allen Betroffenen guten Gewissens empfehlen. Dabei weiß ich aus Erfahrung mit Patienten: Vielen dürfte die Energie selbst dafür fehlen, sich aus eigener Kraft etwas Gesundes zuzubereiten. Dann sollten Sie versuchen, Verwandte oder Freunde ins Boot zu holen.

Denn ich erlebe es immer wieder: Viele Menschen im Umfeld von CFS-Patienten würden liebend gern helfen, wissen aber nicht, wie das aussehen könnte. Bei einem meiner Patienten beispielsweise haben Familienangehörige und Bekannte eine Art Kochkreis aufgemacht, um den Mann mit Selbstgekochtem zu versorgen und ihm Gesellschaft zu leisten – selbst wenn sie nur neben seinem Bett saßen. Der Patient ist heute zwar nicht vollständig gesund, aber er kann seinen Alltag wieder weitgehend selbstständig bewältigen. Das ist für jemanden, der bettlägerig war, ein großer Erfolg.

Wie so vieles bei CFS (und auch Long Covid) wäre eine Ernährungsanpassung, wie ich sie in dem Buch vorstelle, ein experimenteller Behandlungsversuch. Aber einer – ich muss es an dieser Stelle wiederholen –, der absolut frei von Nebenwirkungen ist und zudem weder mit hohen Kosten noch mit großem Aufwand verbunden ist.

Start in die Ernährungstherapie

Damit der Körper alle seine Möglichkeiten nutzen kann, gegen Long Covid und CFS anzukämpfen, muss er bestmöglich mit Nährstoffen versorgt sein. Leider ist gerade das bei Betroffenen oft nicht gegeben – mit gesunder Ernährung lässt sich aber effektiv gegensteuern.

Typische Long-Covid- und CFS-Symptome wie Erschöpfung und Brain Fog zeigen es an: Der Körper der Betroffenen muss derart viel Energie in das Immunsystem stecken, dass für andere Leistungen – wie zum Beispiel Konzentrationsfähigkeit – kaum etwas übrig bleibt. Kein Wunder, denn die teils überaktivierten Abwehrkräfte der Patienten laufen eine Art Marathon – um etwa, wie auf den vorigen Seiten gesehen, Virusreste zu bekämpfen. Aus diesem Grund lautet die ernährungstherapeutische Maßnahme Nummer eins, den Körper mit allem zu versorgen, was er braucht. Das bedeutet konkret, ihn auf Nährstoffmängel zu untersuchen und diese zu beheben. Denn nur dann können unser Stoffwechsel und das Immunsystem gut arbeiten, kann die Regulierung der Abwehrkräfte gelingen.

So sieht die optimale Versorgung aus

Zum einen braucht der Organismus ausreichend wertvolle Makronährstoffe. Dazu zählen Proteine, Fette und Kohlenhydrate bzw. Ballaststoffe. Dabei sollten die Proteine möglichst aus pflanzlichen Quellen stammen. Eiweiße bilden den Hauptbaustoff für Immunzellen und dienen diesen außerdem als Energielieferant. Denn im Gegensatz zu den meisten anderen Zellen ziehen Immunzellen ihre Energie nicht aus Zucker, sondern aus der nicht-essenziellen Aminosäure Glutamin.

Darüber hinaus benötigen Long-Covid- und CFS-Patientinnen und Patienten jede Menge gesunde Fette mit ungesättigten Omega-3-Fettsäuren: Auch diese liefern Baumaterial für einige Immunzellen, dazu wirken sie antientzündlich. Letzteres reduziert die Arbeitslast des Abwehrsystems und hilft so, Überreaktionen zu bremsen.

Und schließlich ist unser Körper auf Ballaststoffe angewiesen. Diese komplexen Kohlenhydrate verdaut unser Organismus im Gegensatz zu einfachen, schnell verdaulichen Kohlenhydraten nicht oder nur sehr langsam – sie belasten somit den Blutzucker kaum. Einige Ballaststoffe sind fermentierbar, das heißt, sie dienen günstigen Darmbakterien als Futter. So versorgen sie das Mikrobiom mit den benötigten Nährstoffen und

bremsen Entzündungen. Ballaststoffe sind damit unerlässlich für einen gesunden Darm. Das ist aus zwei Gründen wichtig: Zum einen gelangen die während der Verdauung in ihre Bestandteile aufgespaltenen Nährstoffe über die Darmwände in die Blutbahn. Zum anderen befinden sich in Dünn- und Dickdarm die meisten Immunzellen: Sie sind für etwa 80 Prozent der Abwehrreaktionen verantwortlich.

Ebenso wichtig wie die gute Versorgung mit wertvollen Makronährstoffen ist eine ausreichende Zufuhr gesunder Mikronährstoffe – also von bestimmten Vitaminen, Mineralstoffen und sekundären Pflanzenstoffen. Diese Substanzen kann unser Körper in der Mehrzahl nicht selbst produzieren, braucht sie aber, um zu funktionieren. Der Mineralstoff Zink etwa ist Bestandteil von Enzymen, ohne die Stoffwechsel und Immunsystem nicht ordnungsgemäß arbeiten könnten. Eisen wiederum ist wichtig für die Aktivität von Fresszellen des Abwehrsystems sowie die Bildung von roten Blutkörperchen und Antikörpern. Und Vitamine der B-Gruppe unterstützen das Immunsystem dabei, Krankheitserreger auszumachen, und halten die Schleimhäute gesund, sodass weniger Erreger in den Körper gelangen.

Viele Patienten sind mangelernährt

Das große Problem: Sehr viele Patienten mit Long Covid und CFS weisen einen nennenswerten Nährstoffmangel auf. In den meisten Fällen besteht er schon vor der Erkrankung und wird durch diese, etwa infolge von Appetitlosigkeit, häufig verschärft. Die Ursache für die Mangelerscheinungen liegt in der modernen westlichen Ernährung mit ihren industriell hochverarbeiteten Lebensmitteln und Fast-Food-Gerichten. Durch diese Ernährungsweise nehmen die meisten hierzulande jeden Tag aufs Neue übermäßig viele ungünstige Nährstoffe zu sich – wie zum Beispiel schnell verdauliche Kohlenhydrate aus Weißmehlbrot und -pasta oder weißem Reis, dazu ungünstige tierische Fette aus Wurst, Fleisch und Fertigprodukten. Umgekehrt essen wir in der Regel deutlich zu wenig Gemüse, Vollkornprodukte, Hülsenfrüchte und wertvolle pflanzliche Öle. So kommt unser Körper kaum auf die Nährstoffe, die er insbesondere bei Krankheit braucht. Die Folgen sind drastisch: Durch das Zuviel an Schlechtem und das Zuwenig an Gutem kann unser Immunsystem nicht richtig arbeiten. Zudem verursacht die Mangel- und Fehlernährung Übergewicht und chronische Entzündungen, die das Immunsystem auf einen belastenden Dauerbetrieb stellen. Kommt dann eine Infektion dazu, etwa mit SARS-CoV-2-Viren, muss das Immunsystem an zu vielen Fronten kämpfen – ohne das zu bekommen, was es bräuchte, um den Kampf zu bestehen.

ERNÄHRUNGSTAGEBUCH ALS AUGENÖFFNER

Was mir in der Praxis immer wieder auffällt: Viele Menschen wissen gar nicht, wie ungesund sie sich tatsächlich ernähren. Daher bitte ich alle Patienten mit Long Covid und CFS, vor der Ernährungsumstellung mindestens eine Woche lang genau zu protokollieren, was sie über den Tag verteilt essen und trinken. Besonders leicht geht das Protokollieren mit einer App, etwa meiner App „MyFoodDoctor": Sie bietet eine kostenlose Tagebuchfunktion. Im Anschluss lasse ich meine Patienten prüfen, inwieweit sie die Prinzipien der artgerechten Ernährung (siehe Seite 25) erfüllen. Denn wer diesem Konzept folgt, versorgt seinen Körper ideal. Bei den meisten zeigt sich: Sie ernähren sich absolut nicht artgerecht.

NÄHRSTOFF-CHECK

Mediziner haben zahlreiche Optionen, Nährstoffmängel aufzudecken. Diese drei empfehle ich allen Long-Covid- und CFS-Patienten besonders:

Blutuntersuchung
Bei der normalen Blutanalyse im Rahmen des regelmäßigen Gesundheits-Checks sind Mikronährstoffe meist nicht enthalten. Betroffenen rate ich daher zu einer genauen Untersuchung auf diese sieben Mikronährstoffe: Vitamin D, Vitamine B_6, B_9 (Folsäure) und B_{12} sowie Zink, Selen und Eisen. Wenn die Betroffenen starke Covid-19-Symptome aufweisen, zahlt meist die Krankenkasse die Kosten.

Check des Omega-3-Index
Dieser Test zeigt an, zu wie viel Prozent die Zellwände roter Blutkörperchen aus Omega-3-Fettsäuren bestehen. Acht ist der Mindestwert, elf bis 13 wäre besser. Die Kosten (etwa 80 Euro) müssen Sie leider selbst tragen. Allerdings ist die Omega-3-Versorgung so zentral, dass sich die Investition lohnt, sofern Sie Ihre Ernährung anpassen und nach gut sechs Monaten eine Kontrolle vornehmen.

Bio-Impedanz-Analyse
Diese Untersuchung misst die spezifische Körperzusammensetzung, also, wie viel Fett und Muskeln ein Mensch hat – und wie ausgeprägt das entzündungsfördernde Bauchfett ist. Auf Basis dieser Daten können Fachkräfte den individuellen Bedarf an Energie und Mikronährstoffen ermitteln, um etwa Übergewicht zu behandeln oder eine Unterversorgung mit Eiweiß zu vermeiden.

Nahrungsergänzung ist keine Lösung

Viele Patienten fragen mich dann: Wenn so klar ist, was der Körper im Allgemeinen und bei Long Covid und CFS im Besonderen braucht – kann man die Nährstoffe nicht in Pillenform von außen zuführen? So einfach ist es leider nicht, auch wenn einige selbst ernannte „Experten" oft das Gegenteil propagieren. Denn Studien zeigen: Entsprechende Präparate können die Nachteile einer ungesunden Ernährung nicht ausgleichen. Zum einen liefert keine Pille der Welt alle wertvollen Substanzen, die die Natur uns bietet – wie etwa die allein 10 000 bekannten sekundären Pflanzenstoffe in unserer Nahrung. Zum anderen wirken diese Gesundstoffe Untersuchungen zufolge am besten, wenn wir sie im Verbund über unverarbeitete Lebensmittel zu uns nehmen. Hinzu kommt: Nahrungsergänzungsmittel sind häufig so hoch dosiert, dass bei einigen Substanzen, die der Körper speichern kann (wie Vitamin A), eine Überdosierung droht. Ausnahme: Vitamin D. Hier sollten sich alle Patienten mit Long Covid und CFS auf einen Mangel hin untersuchen lassen – und das Vitamin anschließend, in Absprache mit der Ärztin oder dem Arzt, individuell ergänzen.

Artgerecht und antientzündlich

Erfolgversprechender als jedes Nahrungsergänzungsmittel ist der Versuch, Ihre Ernährung an die speziellen Bedürfnisse infolge der Krankheit anzupassen. Am besten gehen Sie in drei Schritten vor:

- Versuchen Sie, sich grundsätzlich artgerechter zu ernähren. Auf der rechten Seite lesen Sie dazu die wichtigsten Gebote.
- Konsumieren Sie möglichst täglich einige jener Lebensmittel, die besonders reich an wertvollen Nährstoffen sind (siehe ab Seite 26).
- Wenden Sie die spezielleren Regeln einer antientzündlichen Ernährung an, um inflammatorische Prozesse im Körper zu mindern und so dem Immunsystem möglichst viel Arbeit abzunehmen. Worin eine solche Ernährung besteht und wie sie gelingt, erkläre ich ab Seite 32.

ARTGERECHTE ERNÄHRUNG

Wie für Bär, Biene und Blauwal gibt es auch für Menschen – als Vertreter der Tierart Homo sapiens – einen idealen Speiseplan. Wer sich an die Regeln der artgerechten Ernährung hält, versorgt seinen Körper mit allem, was er grundsätzlich braucht.

Möglichst viel Gemüse
Von Avocado bis Zucchini: Am Tag sollten es mindestens 400 Gramm Grünzeug sein, ideal wären 500 bis 600. Wichtig dabei ist Vielfalt – essen Sie möglichst viele verschiedene Gemüsesorten!

Ausreichend pflanzliches Protein
Bei Gesunden sollten es 0,8 bis 1,2 Gramm Eiweiß pro Kilo Normalgewicht am Tag sein, bei Kranken sind 1,0 bis 1,2 Gramm anzusetzen. Das Normalgewicht errechnet sich so: (Körpergröße in Metern)^2 mal 25. Am besten stammt das Protein aus pflanzlichen Quellen wie Nüssen, Samen, Brokkoli, Pilzen und vor allem Hülsenfrüchten.

Mehr Ballaststoffe
Mindestens 30 Gramm unverdauliche Kohlenhydrate am Tag sind unerlässlich für eine gesunde Darmflora – und damit für ein gesundes Immunsystem. Daher sollten Hülsenfrüchte, Vollkornprodukte und Gemüse (Kohl!) täglich auf den Tisch.

Nur wenig freien Zucker
Maximal 25 Gramm am Tag sollten es sein. Viel freier Zucker steckt in Softdrinks, Säften, Schokolade, Fruchtgummis und Backwaren. Auch der Fruchtzucker aus Obst ist nicht zu unterschätzen, bevorzugen Sie zuckerarmes Obst wie Beeren.

Weniger leere Kohlenhydrate
Helles Brot, Nudeln, Reis und Kartoffeln liefern mehr schnell verfügbare Energie, als wir im Alltag verbrennen. Halbieren Sie deshalb Beilagenportionen, wählen Sie die Vollkorn- oder Hülsenfruchtvariante und ergänzen Sie mit mehr Gemüse.

Mehr gesunde Fette
Viele Omega-3-Fettsäuren stecken etwa in Lein-, Hanf- und Nussöl: Essen Sie täglich 2 Esslöffel davon, dazu 30 Gramm Nüsse, Samen und Kerne. Außerdem günstig ist fetter Seefisch, zwei 80-Gramm-Portionen pro Woche genügen.

Möglichst wenige tierische Fette
Diese stecken in Fleisch- und Wurstwaren (besonders aus Schwein!) sowie industriell verarbeiteten Lebensmitteln, Fertiggerichten und Fast Food.

Maximal drei Mahlzeiten am Tag
Snacken belastet Stoffwechsel und Immunsystem extrem. Essen Sie höchstens dreimal am Tag, bis Sie wirklich satt sind – dazwischen mindestens vier Stunden gar nichts. Verlängern Sie dazu die nächtliche Esspause auf 12 Stunden, besser 14 Stunden. Wer normal- oder untergewichtig ist, sollte dagegen Zwischenmahlzeiten einbauen.

Ausreichend trinken
Mindestens 30 Milliliter Flüssigkeit pro Kilogramm Körpergewicht am Tag sollten es sein. Dabei liefert die Nahrung in der Regel schon etwa 800 Milliliter, den Rest decken Sie am besten mit Wasser und ungesüßten Tees.

Keinen Alkohol
Das Nervengift Alkohol schadet dem Körper, besonders wenn er durch Krankheit belastet ist. Verzichten Sie daher selbst auf die bei Gesunden noch tolerablen Mengen: 10 Milligramm für Frauen (entspricht 125 Milliliter Wein oder 250 Milliliter Bier), für Männer das Doppelte.

DIE TOP 12 FÜR EINE IDEALE NÄHRSTOFFVERSORGUNG

Von Allicin bis Zink: Es gibt zehntausende Substanzen, die dem Körper helfen, gut zu funktionieren. Vor allem die folgenden Lebensmittel, die das Immunsystem unterstützen, sollten Menschen mit Long Covid und CFS möglichst oft genießen.

Hanföl

Hanfpflanzen sind echte Tausendsassas: Während die Cannabinoide aus ihren Blättern (nicht in Samen oder Speiseöl!) gegen Beschwerden während einer Chemotherapie helfen, lässt sich aus den Samen ein wertvolles Öl gewinnen. Neben Omega-3-Fettsäuren ist kalt gepresstes Hanföl reich an Vitamin E: Dieses wirkt zellschützend und stärkt so die Abwehrzellen.

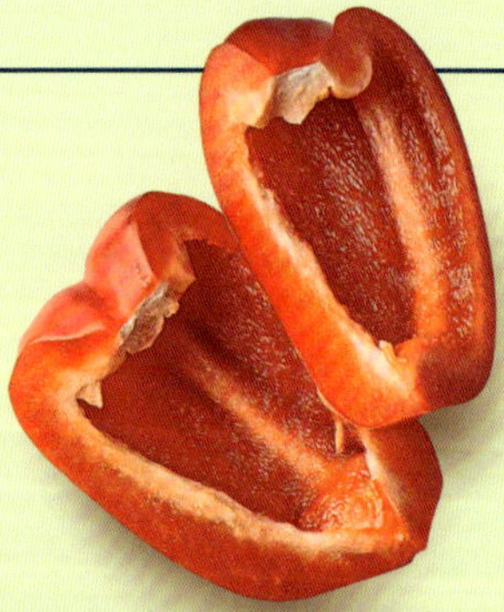

Cranberrys

Die Beeren haben sich als Hausmittel gegen Blasenentzündung bewährt, sie stärken die Selbstheilungskräfte des Körpers. Grund ist der hohe Gehalt an Vitamin C, vor allem aber an Triterpenen: Diese sekundären Pflanzenstoffe wirken antibakteriell und kortisonähnlich und können so Entzündungswerte senken.

Paprikaschoten

Da können Zitronen und Orangen einpacken: 100 Gramm Paprika liefern bis zu 150 Milligramm Vitamin C – und damit dreimal so viel wie Zitrusfrüchte. Extrareich an dem Immunbooster sind die roten: Hier deckt schon eine kleine Schote den Vitamin-C-Tagesbedarf. Außerdem enthält rote Paprika viele Carotinoide, die ebenfalls immunregulierend wirken.

Knoblauch

Es gibt wohl keine Knolle, die ähnlich stark müffelt. Aber es gibt auch kaum eine gesündere. Denn wird Knoblauch angeschnitten, entsteht Allicin, eine Schwefelverbindung, die nicht nur für das intensive Aroma sorgt, sondern auch Viren, Bakterien und Pilze abtötet und so das Immunsystem unterstützt. Mein Tipp: Wenn Sie Knoblauch nicht pressen, sondern sehr fein schneiden und möglichst rasch verarbeiten, landet besonders viel Allicin im Essen.

Hafer

Gesunder Ballast: Hafer ist nicht nur ein Toplieferant von Beta-Glucan (siehe Seite 36), sondern auch von sogenannter resistenter Stärke – einem Ballaststoff, der unverdaut im Dickdarm ankommt, wo ihn Milchsäurebakterien zu entzündungshemmender Gamma-Amino-Buttersäure verstoffwechseln. 30 Gramm Ballaststoffe sollten Menschen pro Tag mindestens aufnehmen. Hier hilft Hafer: 100 Gramm Flocken enthalten gut 10 Gramm resistente Stärke.

Sesampaste (Tahin)

Sesam öffne dich: Die kleinen Kraftpakete bilden nicht nur eine Topquelle für ultragesundes pflanzliches Eiweiß, sondern auch für Zink und Magnesium. Diese Mineralstoffe kann unser Körper nicht herstellen, das Immunsystem braucht sie aber unbedingt, um gut zu arbeiten. Als Mus wird Sesam zum kulinarischen Multitalent, auch als Tahin bekannt. Es macht sich ebenso gut in Hummus wie in Dressings, Suppen und Porridges – oder solo als Brotaufstrich.

Grüner Tee

Da bist du „blatt“: Täglich ein paar Tassen grünen Tee zu trinken kann nachweislich die Immunfunktion verbessern und die Infektanfälligkeit reduzieren. Grund sind Polyphenole, sekundäre Pflanzenstoffe, die unter anderem freie Radikale abfangen und damit Zellstress und Entzündungsneigung senken. Besonders viel davon steckt in Matchapulver – dafür werden die Blätter des grünen Tees gemahlen.

Granatapfel

Außen hui – und innen auch: Die dekorativen blutroten Kernchen liefern gleich einen ganzen Cocktail an sekundären Pflanzenstoffen. Sie wirken antibakteriell und unterstützen das Immunsystem. Auch der Darm profitiert. Dort verstoffwechseln günstige Bakterien die Säure der Granatapfelkerne zu Urolithin, einem Stoff, der antientzündlich wirkt. Wichtig: Kaufen Sie am besten Biofrüchte – die sind weniger gespritzt.

Kapern und Kapernäpfel

Die eingelegten Blütenknospen oder Früchte des Kapernstrauchs liefern Vitamin B_1 und B_6 sowie Kalzium, Kalium und ein wenig Magnesium. Dazu können die Kraftpakete überschießende Immunreaktionen bei Autoimmunerkrankungen bremsen. Ideen zur Verwendung in der Küche: Kapern würzen Vinaigretten, Suppen und Saucen und ergeben, gut abgetrocknet und in heißem Öl geröstet, ein knuspriges Topping.

Algen

Nori-Algen treten meist mit Sushi-Reis und Fisch im Trio auf – dabei würden sie dank ihres hohen Gehalts an Folsäure (Vitamin B_9), Jod und Zink öfter mal die Hauptrolle verdienen. Wakame-Algen liefern den wichtigen Mineralstoff Magnesium. Gut: Vegetarier und Veganer können dank neuer Algenprodukte wie Ölen aus Mikroalgen ihre Versorgung mit Omega-3-Fettsäuren decken.

Tomaten

Die roten Runden sind das Lieblingsgemüse der Deutschen, mehr als 30 Kilo essen wir im Schnitt pro Jahr. Und es darf ruhig noch ein bisschen mehr sein! Denn Tomaten enthalten den hitzebeständigen Farbstoff Lykopin, der freie Radikale unschädlich macht und die Abwehrkräfte stärkt. Bei Tomaten ist die verarbeitete Variante ausnahmsweise besser: Denn in Tomatenmark und -püree steckt besonders viel Lykopin.

Mandeln

Knackig – und buchstäblich kerngesund: Mandeln stecken voller wertvoller ungesättigter Fettsäuren, Pflanzeneiweiß und Ballaststoffe. Dazu enthalten sie jede Menge vom Immunbooster Zink und viel antioxidativ wirkendes Vitamin E. Mein Tipp: Nutzen Sie auch Mandelmus – es sorgt in Dressings, Porridge und Smoothies für eine Extraportion Nährstoffe. Ähnlich wertvoll sind übrigens Kürbiskerne.

Fallgeschichte: „Meine Kraft ist im Großen und Ganzen zurück"

Lange bezahlte Long-Covid-Patientin Jennifer H. (36) kleinste Anstrengungen im Alltag mit einem Crash. Nach einigen Monaten stellte sie die Ernährung auf artgerecht und antientzündlich um. Hier berichtet sie, wie sie ihren Speiseplan geändert hat, was ihr leichtfiel und was nicht – und wann sich erste Erfolge zeigten.

Im Januar 2021 bekam ich Covid-19 und im Mai 2022 habe ich mit der Ernährungstherapie begonnen. In der Zeit dazwischen war mein Leben, schonungslos betrachtet, ein Desaster. Meine Tochter in die Kita bringen, zehn Minuten spazieren gehen, einkaufen: Winzige Alltagsaktivitäten gingen oft so über meine Kraft, dass ich mich danach hinlegen musste. Nach einer Long-Covid-Reha im September 2021 ging es mir zwar ein wenig besser und ich konnte eine Wiedereingliederung machen, um wieder als Officemanagerin zu arbeiten – aber in dem Umfang wie früher ging es absolut nicht mehr.

Von Arzt zu Arzt – ohne Besserung

Was ich an Kraft übrig hatte, habe ich genutzt, um Hilfe gegen die Long-Covid-Symptome zu suchen. Ich war weiterhin nicht nur ständig erschöpft, sondern hatte auch permanent Kopfweh und Nebel im Kopf, konnte mich nicht richtig konzentrieren. Ich ging zur Hausärztin, zum Neurologen, zum Lungenfacharzt – aber keiner konnte helfen. Als ich dann im Internet las, dass die NDR-Sendung „Ernährungs-Docs" Patienten mit Long Covid suchte, um eine Ernährungstherapie zu testen, schrieb ich direkt eine Mail – und wurde genommen. Verschiedene Ärzte checkten mich durch, ich bekam Sport- und Psychotherapie, vor allem aber besprach ich mit Dr. Riedl und seinem Team immer wieder, wie ich meine Ernährung umstellen sollte. Meine Aufgabe lautete: nach und nach alle Mahlzeiten auf artgerecht trimmen, um den Körper und speziell das Immunsystem gut mit allem Nötigen zu versorgen. Als Erstes habe ich mir mein Frühstück vorgenommen. Jetzt mixe ich mir als Smoothie oft 250 Milliliter ungesüßten Haferdrink mit 125 Gramm Tiefkühlobst, 2 Esslöffeln Haferflocken, ein bisschen Leinsamen und ein paar Blättern Spinat – und knabbere dazu einige Nüsse. Oder ich koche mir einen Hafer-Porridge, würze ihn mit Vanille, Zimt, Kurkuma und Ingwer, esse dazu 125 Gramm Beeren, ein paar Mandeln und 1 Esslöffel Kürbismus, um meine Versorgung mit Zink zu sichern.

Pflanzenpunkte für mehr Vielfalt

Anschließend veränderte ich das Mittag- und Abendessen. Um mich vielfältiger zu ernähren, habe ich das Pflanzenpunkte-Konzept genutzt: Für jedes unverarbeitete pflanzliche Produkt, wie Gemüse, Obst, Nüsse und Vollkorn, gab es einen Punkt, für Kräuter und Gewürze je einen Viertelpunkt – 30 war das Wochenziel. Wirklich schwer fiel mir am Anfang nur, eine Alternative zu Brot aus Weizenmehl zu finden. Die Lösung war dann eine Bio-Backmischung für ein reines Saatenbrot ohne Zusatzstoffe. Das backe ich mir heute regelmäßig selbst, friere es in Scheiben ein und taue diese portionsweise auf.

Was bei alldem wichtig war: Ich sollte zu den Mahlzeiten so viel essen, dass ich wirklich satt war. Um dann vier bis fünf Stunden ohne Snacken durchzuhalten, sodass der Insulinspiegel auch mal sinken konnte und die Bauchspeicheldrüse nicht im Dauerbetrieb arbeiten musste.

Schnell bessern sich die Symptome

Um Muster zu erkennen und wahrzunehmen, was mir guttat, habe ich lange protokolliert, was ich esse – und wie es mir damit geht. Nach einigen Wochen bemerkte ich erste Erfolge: Ich hatte wieder mehr Kraft, die Kopfschmerzen wurden weniger, meine Neurodermitis besserte sich und ich nahm ein paar Kilo ab. Etwa zweieinhalb Monate nach Beginn der Ernährungsumstellung ging ich das erste Mal seit Ewigkeiten wieder auf ein Rockkonzert. Und musste die Freude nicht mit einem Zusammenbruch bezahlen. Noch ein paar Wochen später konnte ich sagen: „Hey, es geht mir gut." Und es stimmte dann auch. Das Jahr zuvor hatte ich immer wieder behauptet, es gehe mir okay, obwohl alles richtig schlecht lief – nur um mein Umfeld nicht zu belasten.

Nicht alles klappt wie von selbst

Natürlich gab es herausfordernde Situationen. Etwa, wenn mein Mann mich fragte, ob ich auch ein paar Gummibärchen wollte. Wir sind beide Naschkatzen und belohnen uns gern für den Tag abends mit etwas Süßem. Hier hat mir die Empfehlung geholfen, die Naschereien direkt im Anschluss an eine Mahlzeit zu essen. Das belastet den Blutzuckerspiegel weniger und ich habe dennoch das Gefühl, mir etwas zu gönnen. Aber ganz ehrlich: Phasenweise verfalle ich noch in alte Muster. Zuletzt aus gutem Grund. Ende 2022 wurde ich schwanger – und habe mich am Anfang der Schwangerschaft vor so vielem geekelt, dass ich nur das gegessen habe, worauf ich wirklich Lust hatte, auch wenn es nicht gesund war. Das Gute: Ich weiß heute sehr genau, wie ich zurück zur artgerechten Ernährung finde. Und ich habe verinnerlicht, dass es menschlich ist, ab und an zu scheitern. Es gilt dann einfach, immer wieder neu zu versuchen, in kleinen Schritten langfristig voranzukommen. Und genau das werde ich tun. Denn ich will auch mein Baby gut versorgen – schließlich weiß ich jetzt, dass gesunde Prägung im Mutterleib beginnt.

Mein Rat: einfach mal ausprobieren!

Ich fühle mich heute gut gewappnet für alles, was auf mich zukommen wird. Ich bin zwar noch immer erschöpfter als vor der Infektion mit dem Coronavirus. Und vielleicht wird es auch nie wieder so gut wie zuvor. Aber: Ich habe, unter anderem durch Pacing (siehe Seite 45), gelernt, meine Grenzen wahrzunehmen und auch anzuerkennen. Also mir meine Energie einzuteilen und mir zum Beispiel nur einen Termin am Tag vorzunehmen, nicht drei oder vier.

Im Großen und Ganzen ist meine Kraft aber zurück! Ich kann anderen Betroffenen nur raten, eine Ernährungstherapie einfach mal auszuprobieren. Artgerecht und antientzündlich zu essen soll nicht heilen, sondern lindern. Und dem Körper helfen, sich selbst helfen zu können. Sicher, ich habe durch die TV-Sendung Möglichkeiten bekommen, die ich als Kassenpatientin nicht gehabt hätte. Aber die Ernährungstherapie bezahlt inzwischen jede Krankenkasse.

Die Brandherde im Körper löschen

Chronische Entzündungsprozesse durch ein fehlreguliertes Immunsystem spielen bei Krankheiten wie Long Covid und CFS eine Hauptrolle. Daher sollten Betroffene den Speiseplan Stück für Stück auf antientzündlich polen. Die wichtigsten Maßnahmen im Überblick.

Mittlerweile habe ich an hunderten Patienten in meiner Praxis beobachten können: Ernährungstherapie hilft bei vielen (Autoimmun-)Krankheiten, die auf chronisch-entzündlichen Prozessen beruhen – wie etwa Rheuma und Morbus Crohn. Da auch bei Long Covid und CFS Entzündungsreaktionen viele Symptome auslösen, sollten Betroffene neben einer grundsätzlich artgerechteren Ernährung zusätzlich die folgenden Anpassungen vornehmen:

Auf das Fettsäureverhältnis achten

Das Verhältnis von ungünstigen Omega-6-Fettsäuren zu gesunden Omega-3-Fettsäuren lag bei unseren Vorfahren bei etwa 3 : 1. Heute kommt der Westeuropäer im Durchschnitt auf ein Verhältnis von 10 : 1 bis 20 : 1. Ein Desaster! Denn Omega-6-Fettsäuren (auch „gesättigte Fettsäuren" genannt) befeuern Entzündungen extrem. Omega-3-Fettsäuren dagegen, wie Alpha-Linolensäure (ALA), Eicosapentaensäure (EPA) und Docosahexaensäure (DHA), helfen, entzündliche Prozesse einzudämmen. Zum einen heften sich Omega-3-Fettsäuren offenbar an die Rezeptoren entzündungsauslösender Fresszellen und blockieren sie damit. Zum anderen liefern sie Baumaterial für sogenannte Resolvine – Substanzen, die Entzündungsreaktionen infolge von Infektionen wieder abklingen lassen.

Um Ihr Fettsäureverhältnis zu verbessern, sollten Sie vor allem möglichst wenig fettreiche tierische Produkte essen, wie fettes Fleisch (nur Geflügel!), Wurst und Butter. Und wenn, dann möglichst in Bioqualität: Produkte aus ökologischem Landbau enthalten laut Studien deutlich mehr Omega-3-Fettsäuren als solche aus konventioneller Herstellung. Nehmen Sie außerdem einen Ölwechsel vor: Ersetzen Sie Omega-6-reiches Sonnenblumen-, Distel- und Maiskeimöl durch gesunde Omega-3-Lieferanten, vorzugsweise Lein-, Hanf-, Walnuss- und Olivenöl.

Pflanzliche Vielfalt erhöhen

Tomaten, Möhren, Vollkornnudeln – das sind sehr gesunde, artgerechte Lebensmittel. Wer aber immer nur zu diesen greift, nutzt das Potenzial artgerechter und antientzündlicher Ernährung nicht aus. Dafür braucht es eine große pflanzliche Vielfalt: Denn kein noch so gesundes Lebensmittel kann alle antientzündlichen Inhaltsstoffe liefern, die die Natur für uns bereithält. Außerdem beeinflusst Diversität auf dem Teller das Mikrobiom im Darm positiv – und damit indirekt auch unser Immunsystem.

Um die nötige pflanzliche Vielfalt im Alltag zu verankern, empfehle ich das Pflanzenpunkte-Konzept. So geht's: Protokollieren Sie alle gesunden, pflanzlichen Lebensmittel, die Sie in einer Woche essen – für jedes gibt es Punkte. Je einen Punkt schreiben Sie sich gut für jede Portion unterschiedlicher Gemüse- und Obstsorten, Hülsenfrüchte, Vollkornprodukte, Pseudogetreide (wie Hirse und Buchweizen), Nüsse, Samen und Co. Verschiedene Kräuter und Gewürze erhalten je einen Viertelpunkt. Das Ziel: insgesamt mindestens

30 Pflanzenpunkte pro Woche. Das klingt erst einmal viel – doch allein mit einem Gemüsecurry, getoppt mit Nüssen, kommen Sie schnell auf zehn Pflanzenpunkte. Rechnen Sie bei der nächsten Kochsession einfach mal nach!

Was bedeutet eine Portion? Konkrete Mengenvorgaben gibt es nicht, Sie können nach gesundem Menschenverstand gehen. Eine einzelne Cocktailtomate etwa rechtfertigt sicher keinen Pflanzenpunkt – fünf dagegen schon. Ein Scheibchen Möhre ist nicht genug für einen Punkt, wohl aber eine mittelgroße Möhre. Wichtig ist, dass Sie ein Gefühl für die Pflanzenvielfalt bekommen.

DIE TOP-BRAND-BESCHLEUNIGER

Einige Lebensmittel befeuern Entzündungen extrem – auf diese sollten Sie deshalb möglichst konsequent verzichten:

- Croissants, Schweinefleisch und Innereien: Sie alle liefern sehr viel Arachidonsäure.
- Alkoholische Getränke: Alkohol schädigt Gewebe – in der Mundhöhle, im Magen sowie in der Leber – und ruft so das Immunsystem zusätzlich auf den Plan.
- Softdrinks: Der enthaltene Zucker wird meist in Bauchfett umgewandelt, ein eigenes Organ, das entzündungsfördernde Botenstoffe produziert.
- Weißmehlprodukte: Die schnell verdaulichen Kohlenhydrate aus Nudeln, Toast und Co. fördern das Bauchfett und erhöhen zudem die Zahl ungünstiger Darmbakterien.

Verarbeitete Lebensmittel meiden

Stark verarbeitete Nahrungsmittel verschärfen entzündliche Prozesse enorm: zum einen durch ihr meist ungünstiges Nährstoff- und Fettsäuremuster, zum anderen durch Zusatzstoffe, die Geschmack, Farbe oder Konsistenz aufmöbeln sollen. Weil unser Körper diese Stoffe als möglicherweise gefährliche Fremdkörper erkennt, ruft er das Immunsystem zu Hilfe – jenes System also, dass bei Long Covid und CFS meist sowieso überaktiv ist. Außerdem schädigen Emulgatoren, Verdickungsmittel und Co. die Darmflora. Umgekehrt enthalten verarbeitete Lebensmittel keine Ballaststoffe und entzündungshemmenden Substanzen, wie zum Beispiel sekundäre Pflanzenstoffe.

Prä- und Probiotika nutzen

Bestimmte Ballaststoffe, die „Präbiotika", dienen als Futter für hilfreiche Bakterien im Dickdarm, die daraus entzündungshemmende Fettsäuren wie Butyrat produzieren. Diese liefern wiederum Nervenreparaturzellen Energie. Präbiotika stecken etwa in Kohl, Chicorée und Topinambur. Probiotische Nahrungsmittel dagegen enthalten Mikroorganismen – meist Milchsäure- oder Bifidobakterien –, die im Darm für ein gut funktionierendes Immunsystem sorgen. Ideale Lieferanten: Sauermilchprodukte wie Joghurt und Kefir sowie Fermentiertes wie Sauerkraut oder Tempeh.

Regelmäßig mikrofasten

Verlängern Sie zudem die nächtliche Esspause auf mindestens 12, idealerweise 16 Stunden. Der Körper aktiviert dann seine Müllabfuhr und verwendet etwa kaputte Zellbestandteile oder Eiweiße dazu, um Energie zu gewinnen. Das reduziert die Entzündungsneigung des Körpers. Zudem bremst Mikrofasten die Aktivität von Monozyten, speziellen teils überaktivierten Zellen, die bei entzündlichen Erkrankungen eine entscheidende Rolle spielen. Wichtig: Längere Zeit sollten Long-Covid- und CFS-Betroffene nicht fasten, um keinen Nährstoffmangel zu riskieren.

DIE TOP 6 GEGEN ENTZÜNDUNGEN IM KÖRPER

Die folgenden Nahrungsmittel sollten Long-Covid- und CFS-Betroffene möglichst häufig essen. Denn sie helfen mit wertvollen Inhaltsstoffen, den Schwelbrand im Körper zu löschen, und geben damit neue Kraft.

Leinöl und Leinsamen

Leinöl besteht gut zur Hälfte aus Omega-3-Fettsäuren, den wirkmächtigsten Helfern gegen Entzündungen. Leinsamen liefern jede Menge unverdauliche Ballaststoffe – ideal für günstige Darmbakterien, die helfen, den Spiegel des entzündungsfördernden Enzyms HK2 zu senken. Wichtig: Beides nur kalt genießen, Hitze zerstört die wertvollen Fettsäuren.

Beeren

Ob rot, violett oder beinahe schwarz: Die sekundären Pflanzenstoffe, die Beeren ihre kräftige Farbe verleihen, sind echte Brandlöscher. Denn sie wirken antioxidativ, stoppen also freie Radikale, und bremsen damit Entzündungsprozesse. 100 Gramm am Tag sollten Sie sich gönnen, am besten als Dessert.

Brokkoli

Alles im grünen Bereich – Brokkoli ist vollgepackt mit sogenannten Senfölglykosiden, die sich, wird der Kohl zerkleinert, in den antientzündlichen Superstoff Sulforaphan verwandeln. Wichtig: Möglichst nur dünsten oder auch mal roh essen, beim Kochen verschwinden viele Inhaltsstoffe im Wasser. Gilt auch für Brokkolisprossen oder andere Kohlsorten!

Ingwer

Scharfe Sache: Stoffe, die für das brennend-intensive Aroma der Wurzel verantwortlich sind, bremsen entzündliche Reaktionen gleich mehrfach. So blockieren Substanzen wie 6-Gingerol und 6-Shogaol einen Signalstoff, den Tumornekrosefaktor-alpha. Dieser ruft Immunzellen auf den Plan und ist deshalb bei lokalen wie systemischen Entzündungen beteiligt. Dazu enthält Ingwer viel Vitamin C, das freie Radikale fängt und damit ebenfalls Entzündungen bremst.

Lauchgemüse

Zwiebeln, Knoblauch, Lauch und Bärlauch gehören alle zur gleichen Pflanzengattung (Allium) – und zwar zu einer äußerst gesunden. Denn Vertreter dieser Gattung enthalten jede Menge Sulfide. Diese Schwefelverbindungen haben eine antioxidative und damit entzündungshemmende Wirkung. Tipp: Verwenden Sie statt gelber öfter mal rote Zwiebeln – diese enthalten auch noch Farbstoffe, die zusätzlich inflammatorische Prozesse hemmen.

Weizenkleie

Gesundes Abfallprodukt: Weizenkleie entsteht, wenn Mehl ausgesiebt wird – zurück bleiben die Randschichten des Korns und die Keimlinge. Lange nur Viehfutter, ist Kleie inzwischen ein antientzündliches Superfood. Denn sie enthält 550 Milligramm Magnesium pro 100 Gramm. Der Mineralstoff kann den Spiegel des C-reaktiven Proteins senken, der bei Entzündungen steigt. Und mildert Magnesiummangel, von dem ein Viertel der Deutschen betroffen ist.

Bitte, weg mit dem Speck!

Übergewichtige haben ein erhöhtes Risiko für Long Covid: Denn SARS-CoV-2-Viren nisten sich in den Fettzellen ein und lösen dort eine Entzündungskaskade aus. Betroffene sollten daher dringend abnehmen. Die im Buch vorgestellte Ernährung zeigt, wie das gehen kann, und diese Tipps helfen zusätzlich.

Um ein paar Kilo zu verlieren und die Entzündungsneigung des Körpers zu reduzieren, genügen oft schon kleine Veränderungen im Alltag:

Hafertage einlegen

Hafer steckt voller wichtiger – antientzündlicher – Nährstoffe. Außerdem liefern die kleinen Kraftpakete Beta-Glucane, das sind spezielle Ballaststoffe, die den Blutzucker konstant halten. Das hilft, den Glukosestoffwechsel zu regulieren: Denn dieser ist bei Übergewichtigen häufig gestört, was wiederum die Entwicklung von Bauchfett fördert und somit Entzündungen verschlimmern kann. Ein Hafertag lässt also auf gesunde Art das Kalorienkonto ins gewünschte Minus rutschen und beschleunigt den Abbau von überflüssigen Pfunden. So geht's: Dreimal täglich 50 Gramm Haferflocken in 300 bis 500 Milliliter Wasser oder Gemüsebrühe aufkochen und dann mindestens 5 Minuten quellen lassen. Pimpen Sie die Porridge-Portionen noch mit 50 Gramm Beeren oder herzhaft mit 100 Gramm Lauch, Kräutern und Gewürzen. Auch etwas gemahlene Vanille oder Zimtpulver sorgen für Abwechslung.

Clever essen

Um Sattsignale zu senden, braucht unser Körper gut 20 Minuten Zeit, ausreichend Eiweiß und einen gewissen Füllstand im Magen. Wer das beachtet, wird mit weniger Nahrung satt. Strukturieren Sie Ihre Mahlzeiten um: Trinken Sie vorab ein Glas Wasser und essen Sie ein Stück Rohkost, eine Gemüsesuppe oder einen Salat. Legen Sie dann 10 Minuten Pause ein, ehe Sie das eigentliche Gericht genießen. Handelt es sich dabei um einen typischen Drei-Komponenten-Teller, essen Sie zuerst den Proteinlieferanten, etwa Lachs, Fleisch, Milchprodukte, Eier oder Hülsenfrüchte.

Emotionales Essen reduzieren

Wer regelmäßig zu viel futtert, nutzt Nahrung häufig als Helfer gegen Stress und miese Gefühle – oder als Belohnung. Erkennen Sie sich wieder? Dann identifizieren Sie Situationen, in denen Sie oft zu – meist hochkalorischen – Lebensmitteln greifen, obwohl Sie keinen Hunger haben. Und überlegen Sie sich Alternativen. Gegen Stress etwa hilft ein kurzer Spaziergang besser als ein Stück Käse. Bei Frust könnten Sie Freunde anrufen, ein Katzenvideo schauen oder

Ihr Lieblingslied hören. Oft hilft es sogar schon, sich den Impuls „Ich will jetzt essen" bewusst zu machen und ihn einfach kurz auszuhalten.

Snack-Kalorien umrechen

Schaffen Sie es nur schwer, zwischen den Mahlzeiten nichts zu essen? Laut einer Studie fällt das leichter, wenn wir ausrechnen, wie viel Bewegung nötig wäre, um den Energiegehalt eines Snacks zu verbrennen: Für eine Tafel Schokolade etwa müssten Sie 1 Stunde sehr schnell Rad fahren. Für eine Laugenbrezel 25 Minuten schwere Umzugskartons schleppen. Für einen Hotdog 2 Stunden lang Wände streichen und für ein Roggenbrötchen mit Käse 30 Minuten flott schwimmen.

SCHLAFHYGIENE BEACHTEN

Zu wenig oder schlechter Schlaf macht dick. Der Körper produziert dann mehr vom Hungerhormon Ghrelin und weniger vom Satthormon Leptin. Entsprechend zeigen Studien. Nach kurzen Nächten essen Menschen über den Tag im Schnitt rund 400 Kalorien mehr. Dazu erschweren kurze Nächte das Abnehmen. Durch gestörte Stoffwechselprozesse ziehen die Muskeln ihre Energie eher aus Eiweiß als aus Glukose – das erhöht den Blutzuckerspiegel und bremst so den Fettabbau. Achten Sie daher auf eine gute Schlafhygiene. Sorgen Sie für 18 bis 20 Grad im Schlafzimmer, gehen Sie möglichst zur gleichen Zeit ins Bett, essen Sie spätestens 3 Stunden zuvor zum letzten Mal (auf das Trinken in dem Zeitraum bitte nicht verzichten!) – und schalten Sie gut 1 Stunde vorher alle Geräte mit Bildschirmen aus.

Diätprodukte streichen

Light-Softdrinks und fettreduzierte Lebensmittel machen, da ist die Forschung eindeutig, dick statt schlank. Denn Süßstoffe schaden dem Mikrobiom und anstelle von Fett ist meist viel Zucker für den Geschmack zugesetzt. Wählen Sie daher stets die „normalen" Produkte und reduzieren Sie Ihren Konsum an Ungesundem langsam. Sie trinken zum Beispiel eine Flasche Cola am Tag oder packen sich 2 Teelöffel Zucker in den Becher Kaffee? Dann reduzieren Sie die Menge alle 2 Wochen um ein Fünftel, um sich Schritt für Schritt zu entwöhnen.

Die Rezepte nachkochen

Damit Sie meine Tipps für eine artgerechte und antientzündliche Ernährung leicht im Alltag beherzigen können, finden Sie im Rezeptteil über 60 Gerichte, die das Team vom medicum bereits nach diesen Kriterien ausgesucht hat.

Falls Sie Ihre Gerichte lieber selbst zusammenstellen, finden Sie auf den Seiten 158/159 eine ausführliche Lebensmitteltabelle. Hier sehen Sie auf einen Blick, was an Gemüse, Milchprodukten und Co. für Sie jetzt gut ist.

Wer abnehmen möchte, sollte pro Tag nicht mehr als 1600 (Frauen) bzw. 1800 (Männer) Kalorien zu sich nehmen, am besten verteilt auf drei große Mahlzeiten ohne Snacks. Die meisten Rezepte liefern wenig Kalorien und unterstützen Sie beim Abnehmen – sind es mal mehr, wie Hauptgerichte mit über 750 kcal pro Portion, dann sind diese vor allem für Betroffene mit Untergewicht ideal.

Wer an Long Covid und CFS leidet, sollte in jedem Fall bei Untergewicht, ggf. aber auch bei Normalgewicht, drei Hauptmahlzeiten und noch ein bis zwei Zwischenmahlzeiten pro Tag essen. Im Buch finden Sie leckere Zwischenmahlzeiten auf den Seiten 68/69, 80/81, 120/121, 146/147 und 156/157.

Auch Untergewicht kann schaden: Stoppen Sie den Energieräuber

Einige Patienten mit Long Covid und CFS nehmen durch Symptome wie Appetitlosigkeit und Erschöpfung teils kräftig ab. Wer vor der Erkrankung normalgewichtig war, rutscht damit schnell ins Untergewicht. Warum Sie diesen Prozess beenden müssen – und wie das gelingt.

„Ein bisschen Abnehmen tut mir ja ganz gut" – Sätze wie diesen höre ich oft, wenn ich mit Long-Covid- und CFS-Patienten spreche. Einige verlieren infolge von Appetitlosigkeit und Erschöpfung zehn Kilo innerhalb weniger Monate, manche sogar 15. Dass vielen eine Abnahme anfangs nicht schadet, stimmt zwar. Aber: Wer den Sinkflug auf der Waage nicht im Auge behält, begünstigt oder verschärft kritische Vitamin- und Mineralstoffmängel. Dazu gerät der Körper in einen Energiesparmodus, verlangsamt also den Stoffwechsel. Beides kann dazu führen, dass Zellen nicht mehr genug Nährstoffe bekommen, der Organismus weniger gut gegen die Krankheit ankämpfen kann – und sich Reparaturprozesse verzögern. Dazu schränkt Untergewicht auch unsere Leistungsfähigkeit und Konzentration ein, verschlimmert also entsprechende Symptome von Long Covid und CFS.

Wann es kritisch wird

Während der Body-Mass-Index (kurz BMI) in Sachen Übergewicht ein eher ungünstiges Maß ist, zeigt er Untergewicht zuverlässig an. Sie sind sich unsicher, ob Sie schon zu wenig auf den Rippen haben? Dann berechnen Sie Ihren BMI nach dieser Formel:

Nehmen Sie Ihr Gewicht in Kilo (zum Beispiel 60) und teilen es durch Ihre Größe (zum Beispiel 1,80 Meter) zum Quadrat.
BMI = 60 Kilo : (1,80 x 1,80) = 18,5

Liegt der Wert unter 18,5, gelten Sie offiziell als untergewichtig. Bei sehr schmal gebauten, gesunden Menschen kann auch ein Wert bis 17,5 gerade noch akzeptabel sein – nicht aber, wenn Sie an Long Covid oder CFS leiden. Bei dieser Diagnose rate ich allen, deren BMI unter 19 liegt, den Gewichtsverlust zu stoppen und langsam auf gesunde Weise wieder ein paar Kilo zuzulegen. Die folgenden vier Maßnahmen helfen dabei:

Die Mahlzeitenfrequenz erhöhen

2500 bis 3000 Kalorien sollten Menschen mit Untergewicht am Tag zu sich nehmen. Das klingt für viele utopisch, lässt sich mit strategischer Mahlzeitenplanung aber erreichen. Normalerweise empfehle ich ja, höchstens dreimal am Tag zu essen. Wer jedoch zu wenig wiegt, sollte sechs bis sieben kleine Mahlzeiten zu sich nehmen. So können Sie die Kalorienzahl schaffen, ohne Ihr Verdauungssystem zu überlasten. Das ist deshalb besonders wichtig, weil der Körper bei Long Covid und CFS viel Energie ins Immunsystem steckt und andere Prozesse, wie etwa die Verdauung, nur gebremst ablaufen.

Auf energiereiche Vollkost setzen

Bei den Mahlzeiten selbst gelten alle Regeln, die ich in diesem Buch empfehle – das heißt, eine artgerechte Ernährung als Basis plus antientzündliche Strategien. Konkret: viel Vollkorn, Gemüse, Hülsenfrüchte. Dazu reichlich wertvolle Fette. Leinöl, Olivenöl, Walnussöl und Co. liefern ultragesunde neun Kalorien pro Gramm – das macht sie zu unverzichtbaren Helfern beim Gewichtsaufbau. Orientieren Sie sich an der Küche in Mittelmeerländern. Hier verbraucht ein 4-Personen-Haushalt nicht selten eine Flasche Olivenöl pro Woche. Weil die Menschen einen guten Schuss Öl nicht nur über Salate geben, sondern als natürlichen Geschmacksverstärker auch über Suppen, Salate und Pastagerichte träufeln.

Dem Muskelschwund entgegenwirken

Essen wir zu wenig, zieht unser Körper die nötige Energie zunächst aus dem Zuckerstoff Glykogen, der etwa in Muskeln und Leber gespeichert ist. Gehen die Glykogenvorräte aber zur Neige, verbrennt der Organismus Ketonkörper aus den Fettspeichern. Kommt ein Eiweißmangel in der Ernährung hinzu, wird die Muskelmasse als einziges Proteinreservoir angegriffen – die Muskelmasse schwindet. Zwei weitere Probleme beschleunigen diesen Prozess: Weil ihnen die Kraft fehlt, bewegen sich Menschen mit Long Covid und CFS meist deutlich weniger als vor der Erkrankung. Dazu essen sie oft zu wenig Eiweiß. Der Muskelschwund wird zur Belastung, den Patienten fällt jeder Schritt noch schwerer als sowieso schon. Das Gefühl der Schwäche wird so noch mal verstärkt.

Daher müssen Untergewichtige nicht nur auf eine ausreichende Energiezufuhr achten, sondern auch auf genügend Protein: 1,0 bis 1,2 Gramm pro Kilo Körpergewicht sollten es pro Tag sein (bitte mit dem angestrebten Normalgewicht rechnen, siehe Seite 25). Versuchen Sie außerdem, trotz mangelnder Energie Spaziergänge in den Alltag einzubauen und in dem Rahmen, der Ihnen möglich ist, zu trainieren (siehe Seite 44). Das ist auch deshalb wichtig, weil Bewegung hilft, Sauerstoff in die Zellen zu schleusen: Den braucht der Körper, um Nahrung gut zu verwerten und Nährstoffe optimal aufzunehmen.

TIPPS FÜR UNTERGEWICHTIGE

Joghurt, Quark, Frischkäse: Setzen Sie dabei stets auf die fetthaltigste Variante. Fleisch darf ebenfalls Fett enthalten. Essen Sie möglichst nur Hähnchen- und Putenfleisch, ab und an sind aber auch Rind, Kalb oder Wild okay. Es sollten höchstens 100 Gramm pro Portion und 300 Gramm pro Woche sein. Nachhaltig gefangene Fluss- und Meeresfische sind auch eine gute Wahl. Hier reichen drei 80-Gramm-Portionen pro Woche. Und: Toppen Sie alle Gerichte mit eiweiß- und energiereichen Lebensmitteln wie Nüssen, Kernen und Samen.

Clever kochen

Wichtig bei den Mahlzeiten ist neben den enthaltenen Nährstoffen auch deren Konsistenz. Appetitlose Menschen bekommen eine Suppe oft leichter runter als ein Müsli. Versuchen Sie zudem, jedes Gericht mit einer Extraportion Energie anzureichern. Gut geht das bei Smoothies. Hier können Sie beispielsweise Grünkohl oder Spinat mit Beeren, Hafer, Hafersahne, Nüssen, Samen und Walnussöl zu einem kräftigenden Shake mixen. In Suppen, Pürees und Currys sorgen ein Schuss Sahne, 1 Esslöffel Biobutter oder natives Kokosöl für leicht verdauliche Zusatzkalorien. Aufstriche wie Hummus oder Avocadomus machen Brote energiereicher. Auch dunkle Schokolade ist ein guter Kalorienlieferant und ergibt, geschmolzen und mit Avocado und ein wenig Zucker gemixt, eine höchst gesunde Variante einer Mousse au Chocolat.

INSTANTHILFE – WENN DIE KRAFT ZUM KOCHEN FEHLT

Long Covid und besonders CFS rauben Betroffenen oft die Kraft für kleinste Aufgaben im Alltag – etwa die, sich ein Essen zuzubereiten. Fertiggerichte, Bestelldienst und Imbiss helfen dann. Mit ein paar Kniffen wird die Notlösung zur gesunden Option.

FERTIGGERICHTE: WÄHLEN SIE KLUG!

Was sich in den Regalen von Supermärkten tummelt, ist in den meisten Fällen eine als Lebensmittel getarnte, hochverarbeitete Gesundheitsgefahr, die zusätzlich Energie raubt. Nur wenn Sie sehr genau hinschauen, finden Sie etwas, das gesund ist. So ergeben etwa Tiefkühl-Pfannengerichte oder -Currys mit Gemüse in der Hauptrolle und eiweißreichen Beigaben wie Hirse oder Quinoa eine ausgewogene Mahlzeit. Ebenso vegetarische Tiefkühlpizzen aus Vollkornteig. Und in der Kühltheke? Könnten Sie etwa zu Gemüsefrikadellen oder Falafeln (ohne Zusatzstoffe!) greifen und dazu eine vorgegarte Ofenkartoffel mit Zaziki wählen. Auch Gemüsesuppen ohne künstliche Zusätze gibt es inzwischen überall – im Mix mit gegartem Naturreis, Kichererbsen oder Tofu sättigen sie gut. Reicht die Kraft nur für den Griff zur Dose, sind vegetarische Linsen- und Bohneneintöpfe die beste Wahl.

Die grundsätzlichen Regeln

Versuchen Sie, auch wenn Sie nicht selbst kochen, die Basics der artgerechten Ernährung, so gut es geht, zu beherzigen. Achten Sie also darauf, dass die Mahlzeit möglichst viel Gemüse und ausreichend Eiweiß enthält. Ersetzen Sie außerdem, wo immer es geht, schnell verdauliche Kohlenhydrate, etwa aus Weißbrot, zumindest teilweise durch die Vollkornvariante. Wenn Sie das umsetzen – was selbst in Schnellrestaurants oft möglich ist –, bekommen Sie etwas Gesundes auf den Teller.

BEIM BÄCKER: TRADITION GEWINNT

In den meisten Bäckereien lockt inzwischen eine Snack-Theke mit großer Auswahl. Das Problem: Butterbrezel, Croissant, Eierbaguette und Co. sind meist ein ernährungstechnischer Albtraum aus billigsten Zutaten wie gehärteten Fetten und Weizenmehl. Kaufen Sie möglichst nur beim Traditionsbäcker, der noch selbst und ohne Zusatzstoffe produziert und außerdem auf eine lange Teigführung achtet. Dann wäre etwa ein Vollkornbrötchen, belegt mit Käse und extraviel Grünzeug, eine gesunde Wahl. Eine weitere Option: Mittlerweile bieten viele Bäckereien, auch solche, die auf Traditionshandwerk setzen, in den Snack-Theken mehr an als die typischen Backwaren. Unter diesen ergänzenden Gerichten können Sie ebenfalls Artgerechtes finden – etwa Salate und Bowls, die mit ordentlich Gemüse und Eiweißreichem wie Lachs, Ei oder Kichererbsen aufwarten.

Imbissgerichte auf gesund trimmen

Burger, Currywurst, Pommes und überbackene Pastagerichte helfen niemandem, gesund zu werden – davon sollten Sie möglichst die Finger lassen. Ein Hähnchen-Döner dagegen kann okay sein: am besten mit weniger Fleisch und mehr Salat. Oder Sie ersetzen das Fleisch durch Falafeln oder Feta. Oft gibt es auch ein Vollkornfladenbrot und gebratenes Gemüse als Extra. Der Imbiss hat Fisch im Angebot? Dann sollten Sie ein unpaniertes Filet mit Gemüse und Kartoffeln dem Backfisch-Brötchen unbedingt vorziehen.

Lieferdienst: auf das Nährstoffverhältnis achten

Wer sich übers Internet Essen bestellt, hat die größte Auswahl an Gesundem. Asia-Gerichte etwa (ohne Zusatzstoffe wie Glutamat!), mit Gemüse und Tofu oder unpaniertem Geflügel oder Fisch, bilden eine empfehlenswerte Mahlzeit. Wie auch ein Salat. Die meisten Fast-Food-Lieferanten, von Tex-Mex bis Burgerschmiede, bieten oft mehrere Varianten an. Hier gilt: je mehr Grünzeug und je eiweißreicher, desto besser. Der griechische Klassiker mit Tomaten, Gurken, Paprika und Feta ist eine ideale Wahl. Es muss einfach mal die Pizza sein? Dann sollten Sie die Variante mit Vollkornboden wählen, den viele Pizzadienste inzwischen anbieten, und ihn mit viel Gemüse belegen lassen. Auch Pizzabrötchen gibt es inzwischen oft aus Vollkornteig. Wichtig: Bestehen Sie auf Mozzarella oder Parmesan. Sonst landet sehr wahrscheinlich Analogkäse auf der Pizza – ein billiges, ungesundes Industrieprodukt. Sie wollen Sushi bestellen? Dann ergeben Misosuppe, Algensalat, Sashimi-Scheiben und eine vegetarische Maki-Rolle als Begleitung eine gute Mahlzeit. Wichtig bei allem: Reduzieren Sie immer die Menge an schnell verdaulichen Kohlenhydraten (etwa aus weißem Reis und hellen Nudeln) zugunsten einer größeren Gemüseportion, zum Beispiel durch eine Suppe vorweg oder einen Beilagensalat. Enthält ein Gericht wenig Eiweiß, helfen Sie nach – etwa mit Feta, Tofu, Kichererbsen (aus der Dose) oder einer Portion Kräuterquark als Topping.

Ganz natürlich die Stimmung heben

Viele Long-Covid- und CFS-Patienten leiden an Symptomen einer Depression. Zwar lassen sich diese nicht einfach wegessen. Bestimmte Lebensmittel können aber den Stoffwechsel unseres Gehirns durchaus positiv beeinflussen – und damit im Ansatz unsere Stimmung verbessern.

An der Möglichkeit, psychische Beschwerden wie Antriebslosigkeit und depressive Verstimmungen über eine angepasste Ernährung zu lindern, zweifeln viele Menschen besonders stark. Dabei gibt es immer mehr Studien, die genau diesen Effekt belegen. So zeigte eine Metaanalyse: Ein Speiseplan, der antientzündlich wirkt und Menschen zum Beispiel gut mit Omega-3-Fettsäuren und Mikronährstoffen wie Vitamin B_{12} versorgt, senkt das Risiko für Depressionen. Zugleich kann eine Ernährungsumstellung bestehende Depressionen mildern. Hinweise dafür ergab eine kleine Studie mit 33 Probanden, die an schweren Depressionen litten und mit Medikamenten, Psychotherapie oder beidem behandelt wurden. Sie stellten ihre Ernährung auf mediterrane Kost um, verzichteten also auf verarbeitete Fleisch- und Wurstwaren, Fast Food und Weißmehl. Nach drei Monaten hatten sich die Symtome bei fast allen gebessert, jeder Dritte erfüllte nicht mehr die Kriterien einer schweren Depression. Zu einem ähnlichen Ergebnis kam eine japanische Studie an 38 Studenten: Bei ihnen besserten sich depressive Verstimmungen durch eine gesündere Ernährung bereits nach drei Wochen deutlich.

So wirken die Mood Foods

Wie genau Nahrung unsere Psyche positiv beeinflusst, wird immer klarer. Beispielsweise können Lebensmittel helfen, einen Mangel an Glückshormonen wie Serotonin oder Dopamin auszugleichen, den Menschen mit Depressionen oft aufweisen. Einen Überblick finden Sie in der Tabelle auf der rechten Seite. Komplexe Kohlenhydrate (etwa in Vollkornprodukten) erhöhen zum Beispiel den Spiegel an Tryptophan: Aus dieser Aminosäure, die unser Organismus nicht selbst herstellen kann, bildet der Körper Serotonin. Umgekehrt hemmen Aminosäuren aus tierischem Eiweiß die Herstellung dieses Botenstoffs.

Mein Rat: Patientinnen und Patienten mit depressiven Verstimmungen sollten noch weniger fette Fleisch- und Milchprodukte konsumieren als sowieso angeraten. Und dazu möglichst darmfreundlich essen. Die Herstellung psychoaktiver Substanzen wie Serotonin und Gamma-Amino-Buttersäure (GABA) läuft auch über die Darmschleimhaut. Das Wichtigste hierfür sind Ballaststoffe, etwa aus Hülsenfrüchten und Gemüse. Sie liefern günstigen Bakterien Futter (siehe Seite 33) und sorgen so für eine gesunde Darmflora.

SAUER MACHT LUSTIG

Was der Volksmund schon lange weiß, hat die Forschung inzwischen mit dem Fachbegriff der Darm-Hirn-Achse bestätigt: Sauer schmeckende Lebensmittel können unsere Stimmung heben – wenn auch eher indirekt. Denn frisches Sauerkraut, Kimchi, Kefir und Kombucha (fermentierter Tee) liefern günstige Milchsäureorganismen, fördern das bakterielle Gleichgewicht im Darm und damit die Produktion von Glückshormonen.

DIE BESTEN MOOD FOODS

Die folgende Tabelle zeigt, welche Lebensmittel die Stimmung besonders wirkungsvoll positiv beeinflussen – und wie genau das passiert. Setzen Sie diese möglichst oft auf den Speiseplan.

Lebensmittel oder -gruppe	Wirken oder wirkt positiv auf unsere Psyche, …
Walnüsse	… weil sie eine Vorstufe von Serotonin enthalten und reich an Omega-3-Fettsäuren sind.
Hafer	… weil er Bausteine für das Glückshormon Noradrenalin liefert.
Leinöl und Algenöl	… weil sie viele Omega-3-Fettsäuren enthalten, die wichtig sind für die Bildung von stimmungsaufhellenden Neurotransmittern.
Sojabohnen, Cashewkerne, Erdnüsse, Thunfisch, Huhn, Linsen, Eier und Haferflocken	… weil sie reich an Tryptophan sind und somit einen wichtigen Baustein für das Glückshormon Serotonin liefern.
Beeren (alle Sorten)	… weil sie reich an Anthozyanen sind, sekundären Pflanzenstoffen, die durch ihre Wirkung mit einer verringerten Depressionsrate verbunden sind.
Buchweizen, Quinoa, Liebstöckel, Petersilie	… weil sie Quercetin (bzw. Vorstufen davon) enthalten, ein Flavonoid, das eine antidepressive Wirkung hat.
Bitterschokolade (mind. 70 % Kakaoanteil)	… weil sie voller Antioxidanzien steckt, die die Stimmung bessern und die Produktion des Stresshormons Cortisol mindern.
Kurkuma	… weil es der Hauptlieferant von Curcumin ist, einem sekundären Pflanzenstoff, der sehr wahrscheinlich stimmungsaufhellend wirkt.
Spinat, Mangold	… weil sie reich an Folsäure sind, einem Vitamin der B-Gruppe, das möglicherweise einen stimmungsmodulierenden Effekt hat.
Leinsamen und Chiasamen	… weil sie viele wertvolle Omega-3-Fettsäuren enthalten und dazu reich an Ballaststoffen sind, die eine präbiotische Wirkung auf die Darmflora haben und damit langfristig die Produktion von Glückshormonen unterstützen.
Bohnen	… weil sie reich an Magnesium sind, einem Mineralstoff, der bei der Bildung von Serotonin aus Tryptophan eine Rolle spielt.
Sauermilchprodukte wie Joghurt und Kefir	… weil sie viele Probiotika enthalten, die für eine gesunde Darmflora sorgen und damit dafür, dass die Produktion von stimmungsstabilisierenden Botenstoffen normal ablaufen kann.
Fette Fluss- und Meeresfische (z. B. Aal oder Lachs)	… weil sie reich an ungesättigten Fettsäuren sind – und an GABA (Gamma-Amino-Buttersäure), die eine entspannende und beruhigende Wirkung hat.

ZURÜCK IN EINEN BEWEGTEN ALLTAG

Arbeiten unsere Muskeln, bremst das chronische Entzündungsprozesse und hilft so, das Immunsystem zu regulieren. Daher sollten sich auch Long-Covid- und CFS-Betroffene viel bewegen, selbst wenn es schwerfällt. Mit diesen Tipps können Sie wieder aktiver werden, ohne sich zu überlasten.

Unsere Muskeln sind starke körpereigene Entzündungshemmer – dank sogenannter Myokine, die die Muskeln in die Blutbahn schicken, wenn wir uns bewegen. Dazu erhöht Sport die Zahl sogenannter regulatorischer, ebenfalls entzündungshemmender Immunzellen. Und umgekehrt sinkt die Konzentration entzündungsfördernder Faktoren (z. B. Tumornekrosefaktor-alpha und C-reaktives Protein). Entsprechend zeigen Forschungsarbeiten aus Reha-Einrichtungen. Bewegungstherapie kann helfen, auch die meisten Symptome von Long Covid zu mildern.

In der Praxis greifen Sporttherapeuten auf Erfahrungen mit anderen Krankheiten zurück. So leiden etwa Krebspatienten häufig an Fatigue, deren Symptome denen von Long Covid und CFS ähneln und die schon lange mit Bewegungstherapie behandelt wird.

Verunsicherung unter Betroffenen

Trotzdem stehen viele Patienten dieser Option skeptisch gegenüber. Ein Grund sind Medienberichte von Menschen, denen es nach einer Sporttherapie deutlich schlechter ging als vorher. Bei Patienten, deren Leistungsfähigkeit lang anhaltend extrem eingeschränkt ist, kann diese sogenannte Post Exertional Malaise (PEM), auch „Crash" genannt, tatsächlich vorkommen: Dabei weiten sich die Symptome nach körperlichen Aktivitäten aus und verschärfen sich. Bei Long-Covid-Patienten ist dies aber nur sehr selten der Fall. Gefährdet sind vor allem Betroffene, die einen schweren Infektionsverlauf hatten und bereits vor der Erkrankung untrainiert waren. Bei Menschen mit CFS kommt eine PEM deutlich häufiger vor, doch auch sie benötigen eine gezielte Bewegungsförderung.

So steigern Sie die Aktivität richtig

Das Ziel muss lauten: langfristig wöchentlich 150 Minuten moderat oder 75 Minuten intensiv sporteln zu können – und dazu an 2 Tagen die großen Muskelgruppen mit Gerätesport oder Gymnastik zu trainieren. Dieses Aktivitätsniveau brauchen Menschen laut der Weltgesundheitsorganisation WHO, um ihr Herz-Kreislauf-System gesund zu halten und Zivilisationskrankheiten vorzubeugen oder zu behandeln.

Step by step bergauf

Wichtig: Beginnen Sie langsam! Das gelingt gut mit dem Plan des Deutschen Verbands für Gesundheitssport und Sporttherapie (DVGS), der speziell zum selbstständigen Aufbautraining daheim nach einer Covid-19-Erkrankung erstellt wurde. Damit bauen Sie Ihre Kondition phasenweise auf: In jeder Phase steigt die gefühlte Anstrengung – sobald Sie die Aktivitäten einer Phase als leicht empfinden, beginnen Sie die nächste.

Wie lange eine Phase dauert, ist dabei völlig individuell. Sie müssen nicht alle Phasen durchlaufen und können auch eine oder mehrere zurückgehen. Beachten Sie bei allem unbedingt auch die Pacing-Strategie (siehe Kasten). Und: Geht es Ihnen Stunden oder Tage nach einer Aktivität schlechter, bitte einen Sporttherapeuten konsultieren!

Phase 1

Ziel: zur normalen Alltagsroutine zurückkehren. Bringen Sie dafür Bewegung in die Tagesabläufe. Das kann anfangs nur bedeuten, alle 30 Minuten aufzustehen. Dazu sind Spaziergänge, lockeres Radfahren sowie Gleichgewichts- und Dehnübungen empfehlenswert. Alles soll sich leicht anfühlen.

Phase 2

Erhöhen Sie Ihr Bewegungslevel im Alltag, etwa, indem Sie Spaziergänge ausdehnen und dabei lockere Kräftigungsübungen einlegen.

Phase 3

Erhöhen Sie das Anstrengungsniveau bei den Bewegungseinheiten jetzt stufenweise auf „moderat": Beginnen Sie etwa mit langsamem Gehen und steigern Sie sich bis zum Trab – Letzteres sollte sich „etwas anstrengend" anfühlen.

Phase 4

Verlängern und intensivieren Sie erneut die Bewegungseinheiten. Ruhig auch mal so stark, dass Sie sich nicht mehr bequem unterhalten können. Gut als Übung: Steigen oder laufen Sie eine Treppe so zügig hoch, dass es sich „anstrengend" anfühlt.

Phase 5

Nun können Sie Intensität und Dauer der Aktivitäten weiter steigern – bis Sie die Vorgaben der WHO (pro Woche 150 Minuten moderat oder 75 Minuten intensiv sporteln) erreicht haben oder sie sogar übertreffen.

GEGEN DIE ERSCHÖPFUNG: PACING

„Pacing" (englisch) bedeutet übersetzt so viel wie: sich selbst das richtige Tempo vorgeben. Mit dem Wort bezeichnen Fachleute die Strategie, sich die eigenen Kraftreserven individuell einzuteilen, um sich nicht zu überlasten. Diese Form des Energiemanagements kommt aus der Therapie von CFS-Patienten – und hilft auch Long-Covid-Betroffenen, die eigenen Ressourcen klug zu nutzen und Grenzen nicht zu überschreiten. So können viele Patienten (leider nicht alle) das Risiko verringern, dass es zu einer PEM (Crash) kommt oder sich die Symptome durch Überbelastung allgemein verschlimmern. So funktioniert's:

- Priorisieren und delegieren: Was müssen Sie wirklich erledigen? Und was können Sie an andere abgeben oder vielleicht weniger perfekt machen?
- Planen: Verteilen Sie Ihre Aktivitäten über den Tag und über die gesamte Woche. Und bauen Sie Entspannungsphasen im Alltag genauso konsequent ein wie Bewegung!
- Abwechseln: Um bestimmte Muskelgruppen nicht zu überlasten, variieren Sie Übungen.
- Hinhören: Häufig kündigen Warnsymptome die Überlastung an, wie starker Brain Fog, Kopfschmerzen oder schwache Stimme. Versuchen Sie, sich dafür zu sensibilisieren.
- Pausieren und abbrechen: Unterbrechen Sie Aktivitäten, wenn Sie ein Warnsymptom wahrnehmen. Und versuchen Sie dann, das zu tun, was intuitiv am besten für Sie ist.

»Kochen kostet Kraft. Aber sie zu investieren lohnt sich: Denn artgerechte Gerichte sind die Basis jeder Heilung.«

DER PRAXIS-GUIDE ZUR ARTGERECHTEN POWER-KÜCHE

WAS SIE ESSEN SOLLTEN

Nach der Theorie folgt die leckere Praxis: Hier stelle ich Ihnen über 60 Gerichte vor, die artgerecht sind und zudem antientzündlich wirken. Kochen Sie die Rezepte möglichst oft nach. So versorgen Sie Ihren Körper mit allem, was er braucht, und unterstützen das Immunsystem im Kampf gegen Long Covid und CFS. Für neue Power und weniger Symptome ...

FRÜHSTÜCK

3, 2, 1 – los! Die erste Mahlzeit des Tages ist zugleich die erste Chance, den Körper mit einer ordentlichen Portion Gesundstoffen zu unterstützen. Wichtig dafür: stärkende Superfoods wie Hafer, Quark und Nüsse, die gut sättigen und so den Blutzucker stabil halten.

FÜR EINEN VITALISIERENDEN POWER-START AN JEDEM TAG!

Nussiges Müsli mit Obstsalat

VEGGIE *FIX* *PREP* *TAKE AWAY*

Für 2 Personen
Zubereitung: 10 Minuten

- 350 g Magerquark
- 150 ml ungesüßter Haferdrink (ersatzweise Mineralwasser mit Kohlensäure)
- 1 EL kalt gepresstes Leinöl
- ½ TL Zimtpulver
- 2 EL Weizenkleie
- 2 getrocknete Datteln (ohne Stein)
- 2 EL Cashewkerne (ersatzweise Mandeln)
- 4 EL zarte Haferflocken
- 2 EL Sonnenblumenkerne
- 1 Apfel
- 1 Kiwi
- 100 g Heidelbeeren (ersatzweise andere Beeren)

Nährwerte pro Portion:
ca. 535 kcal,
34 g EW, 16 g F, 52 g KH

1 Den Quark in einer Schüssel mit dem Haferdrink und dem Öl cremig verrühren, dann Zimt und Weizenkleie unterheben. Die Datteln in kleine Stücke schneiden und ebenfalls unter den Quark-Mix heben.

2 Die Cashewkerne, falls nötig, halbieren und in einer Pfanne ohne Fett mit Haferflocken und Sonnenblumenkernen kurz anrösten. Herausnehmen und abkühlen lassen.

3 Den Apfel waschen, vierteln und entkernen, die Apfelviertel in kleine Stücke schneiden. Die Kiwi schälen und in Stücke schneiden. Die Heidelbeeren verlesen, waschen und trocken tupfen. Alle Obststücke in einer kleinen Schüssel mischen.

4 Zum Servieren den Quark-Mix nochmals umrühren und auf Schalen verteilen. Mit der Kerne-Haferflocken-Mischung und dem Obstsalat belegen.

MEIN GESUNDHEITSTIPP

Das Müsli liefert eine perfekte Grundlage für den Tag. Denn Haferflocken und Weizenkleie halten uns lange satt. Der Grund: Beide Lebensmittel liefern reichlich langsam verdauliche Kohlenhydrate, das gibt gesunde Energie. Zudem wirkt der Ballaststoff Beta-Glucan im Hafer regulierend auf Blutzuckerspiegel und Fettstoffwechsel – Hafer kann sogar Cholesterinwerte senken.

Chia-Beeren-Overnight Oats

VEGGIE PREP TAKE AWAY

Für 2 Personen
Zubereitung: 15 Minuten
Quellen: 30 Minuten

- 30 g Chiasamen
- 300 ml ungesüßter Haferdrink (ersatzweise Kuhmilch)
- 200 g Heidelbeeren
- 2 EL gehackte Mandeln
- 200 g Naturjoghurt (3,5 % Fett)
- 1 TL gemahlene Vanille
- 1 EL Kakao-Nibs (ersatzweise Kakaopulver)
- einige Minzeblätter zum Garnieren

Nährwerte pro Portion:
ca. 330 kcal,
11 g EW, 20 g F, 20 g KH

1 Die Chiasamen mit dem Haferdrink in einem hohen Rührbecher gut verrühren und kurz quellen lassen. Inzwischen die Heidelbeeren verlesen, waschen und trocken tupfen.

2 Die Beeren zu den Chiasamen geben und alles mit dem Stabmixer fein pürieren. Den Mix auf große Gläser verteilen und im Kühlschrank mindestens 30 Minuten, am besten über Nacht, quellen lassen.

3 Zum Servieren die gehackten Mandeln in einer Pfanne ohne Fett kurz anrösten, herausnehmen und abkühlen lassen.

4 Den Joghurt in einer Schüssel mit der Vanille verrühren (wer will, kann noch mit wenig Agavendicksaft süßen) und auf die Chia-Beeren-Mischung geben. Alles mit gehackten Mandeln und Kakao-Nibs bestreuen. Die Minzeblätter waschen und trocken tupfen, die Oats damit garnieren.

Schoko-Bircher-Overnight Oats

VEGGIE PREP TAKE AWAY

Für 2 Personen
Zubereitung: 20 Minuten
Kühlen: 8 Stunden

- 80 g zarte Haferflocken
- 40 g Sojaflocken
- ½ Dose Kokosmilch (ca. 200 ml)
- 1 geh. EL Kakaopulver (schwach entölt)
- 1 TL Zimtpulver
- 1 Apfel
- ½ Birne
- 40 g Haselnusskerne
- 20 g Kakao-Nibs
- 150 ml ungesüßter Mandeldrink
- 250 g Naturjoghurt (3,5 % Fett)

Nährwerte pro Portion:
ca. 820 kcal,
26 g EW, 54 g F, 51 g KH

1 Am Vorabend die Hafer- und Sojaflocken in einer Schüssel mit 200 ml Wasser, Kokosmilch, Kakaopulver und Zimt mischen. Apfel und Birne waschen, halbieren und entkernen. Die Hälften auf der Gemüsereibe fein raspeln und sofort unter den Flocken-Mix mischen. Alles im Kühlschrank abgedeckt etwa 8 Stunden, am besten über Nacht, ziehen lassen.

2 Am nächsten Tag die Haselnüsse grob hacken und mit den Kakao-Nibs in einer kleinen Pfanne ohne Fett bei schwacher Hitze etwa 10 Minuten rösten, dabei ab und zu umrühren. Herausnehmen und abkühlen lassen.

3 Zum Servieren den Mandeldrink erwärmen und unter den Bircher-Mix rühren. Die Oats auf Schalen oder Gläser verteilen, mit dem Joghurt toppen und mit Haselnüssen und Kakao-Nibs bestreuen.

Baked Oatmeal mit Brombeeren

VEGGIE FIX PREP TAKE AWAY

Für 2 Personen
Zubereitung: 10 Minuten
Backen: 15 Minuten

- 150 g Brombeeren (frisch oder tiefgekühlt, ersatzweise Schwarze Johannisbeeren)
- 30 g Haselnusskerne
- 60 g zarte Haferflocken
- 40 g Quinoaflocken
- 2 EL helle Sesamsamen
- 1 Päck. Vanillezucker
- 1 Banane
- 1 EL natives Kokosöl
- 2 EL Erdnussmus
- 175 ml ungesüßter Sojadrink
- 250 g Skyr

Nährwerte pro Portion:
ca. 710 kcal,
35 g EW, 34 g F, 59 g KH

1 Den Backofen auf 160 °C vorheizen. Die Beeren verlesen, waschen und trocken tupfen (Tiefkühlware direkt in der Auflauform verteilen).

2 Haselnüsse hacken und mit Haferflocken, Quinoaflocken, Sesam, Vanillezucker und Beeren in einer kleinen Auflaufform (ca. 15 x 25 cm) mischen und gleichmäßig verteilen.

3 Die Banane schälen und mit dem Öl und dem Erdnussmus in einer Schale mit einer Gabel zu Püree zerdrücken. Dann ebenfalls in die Auflaufform geben und alles gründlich mischen. Den Sojadrink gleichmäßig über die Mischung gießen und alles im Ofen auf der mittleren Schiene etwa 15 Minuten backen.

4 Anschließend das Baked Oatmeal herausnehmen und auf einem Kuchengitter kurz abkühlen lassen. Zum Servieren in Rechtecke schneiden und noch warm mit dem Skyr anrichten.

MEIN GESUNDHEITSTIPP

Säuerlich schmeckende Beeren wie Brombeeren oder Schwarze Johannisbeeren haben den höchsten Vitamin-C-Gehalt aller Beerensorten. Schon etwa 50 Gramm decken den Tagesbedarf an Vitamin C. Zudem enthalten sie reichlich Vitamin E, das antioxidativ wirkt und unser Immunsystem stimuliert. Weiteres Plus: Sie sind hierzulande heimisch, haben also eine gute Ökobilanz.

Dinkel-Gemüse-Brötchen

VEGAN PREP TAKE AWAY

Für 4 Brötchen
Zubereitung: 15 Minuten
Gehen: 45 Minuten
Backen: 25 Minuten

- 200 g Dinkelvollkornmehl
- ½ Päck. Trockenhefe
- 150 ml lauwarmes Wasser
- 2 EL Olivenöl
- Salz
- 5 getrocknete Tomaten
- 10 Oliven (in Lake, ohne Stein)
- 2 TL getrockneter Oregano
- 1 TL getrockneter Rosmarin

Nährwerte pro Stück:
ca. 240 kcal,
7 g EW, 8 g F, 33 g KH

1 Das Mehl in eine große Rührschüssel geben. Die Hefe im lauwarmen Wasser so lange verrühren, bis sie sich vollständig aufgelöst hat. Dann mit dem Öl und etwas Salz zum Mehl geben und alles mit den Knethaken des Handrührgeräts zu einem gleichmäßigen Teig verkneten.

2 Die Tomaten würfeln und die Oliven halbieren. Beides mit Oregano und Rosmarin zum Teig geben und gründlich unterkneten. Danach den Teig abgedeckt an einem warmen Ort etwa 45 Minuten gehen lassen. Inzwischen ein Backblech mit Backpapier belegen.

3 Anschließend den Teig erneut durchkneten, bei Bedarf noch etwas Mehl hinzufügen. Aus dem Teig mit angefeuchteten Händen 4 Brötchen formen und nebeneinander auf das Blech setzen. Das Blech in den noch kalten Ofen schieben und den Ofen auf 160 °C Umluft oder 180 °C Ober-/Unterhitze schalten. Die Brötchen etwa 25 Minuten backen.

4 Die Dinkelbrötchen aus dem Ofen nehmen und auf einem Kuchengitter vollständig abkühlen lassen. Dazu passt gut Cashew-Curry-Dip (Seite 60), Linsen-Balsamico-Aufstrich (Seite 61) oder Eiersalat mit Putenbrust (Seite 64). Oder die Brötchen einfach halbieren und mit Quark oder Frischkäse bestreichen.

MEIN GESUNDHEITSTIPP

Die Gemüsebrötchen eignen sich als Alternative überall dort, wo normalerweise Brot oder Baguette aus Weißmehl serviert werden – etwa auch als Beilage zu Suppen. Dank des Dinkelvollkornmehls sind sie deutlich nährstoff- und ballaststoffreicher und sättigen viel länger. Zudem liefert das volle Korn ordentlich Magnesium und B-Vitamine, die unser Immunsystem braucht.

Nussiges Kürbisbrot

VEGAN PREP TAKE AWAY

Für 1 Brot (ca. 25 Scheiben)
Zubereitung: 10 Minuten
Backen: 50 Minuten

- 200 g Hokkaido-Kürbisfruchtfleisch
- 120 g Kürbiskerne
- 100 g Mandeln
- 250 g zarte Haferflocken
- 80 g geschrotete Leinsamen
- 3 EL Flohsamenschalen
- 1 ½ TL Salz
- 200 ml lauwarmes Wasser

Nährwerte pro Scheibe:
ca. 110 kcal,
5 g EW, 10 g F, 7 g KH

1 Den Backofen auf 180 °C Umluft vorheizen. Eine Kastenform (ca. 30 cm lang) mit Backpapier auslegen. Den Kürbis waschen, ggf. entkernen und auf der Gemüsereibe fein raspeln. 100 g Kürbiskerne und die Mandeln grob hacken.

2 Haferflocken, gehackte Mandeln, gehackte Kürbiskerne, Leinsamen, Flohsamenschalen und Salz in eine Rührschüssel geben. Das lauwarme Wasser und die Kürbisraspel hinzufügen und alles mit den Knethaken des Handrührgeräts gründlich verrühren.

3 Den Teig in der Kastenform gleichmäßig verteilen, fest andrücken und mit 2 EL Wasser glatt streichen. Mit den restlichen Kürbiskernen bestreuen und andrücken. Das Brot im Ofen auf der mittleren Schiene etwa 50 Minuten backen.

4 Herausnehmen und auf einem Kuchengitter vollständig abkühlen lassen. Zum Servieren in Scheiben schneiden. Das Brot kann in Scheiben geschnitten auch gut eingefroren und nach Bedarf wieder aufgetaut werden.

MEIN GESUNDHEITSTIPP

Das Kürbisbrot kommt komplett ohne Mehl und Hefe aus, liefert dank der Nüsse aber reichlich gesunde Fette und Proteine. Beides garantiert eine konstante Energieversorgung: Damit sättigt dieses Eiweißbrot, das seinen Namen auch verdient, perfekt. Die Ballaststoffe aus Lein- und Flohsamen wirken Heißhunger zusätzlich entgegen und bringen zudem die Verdauung in Schwung.

Cashew-Curry-Dip

VEGAN PREP

Für 10 Portionen
Zubereitung: 15 Minuten
Einweichen: 1 Stunde

- 200 g Cashewkerne
- heißes Wasser zum Übergießen
- 8 getrocknete Datteln (ohne Stein)
- 1 TL Currypulver
- Salz, Pfeffer

Nährwerte pro Portion:
ca. 145 kcal,
4 g EW, 9 g F, 10 g KH

1 Die Cashewkerne in einer Schüssel mit kochend heißem Wasser übergießen und mindestens 1 Stunde einweichen. Anschließend in ein Sieb abgießen und abtropfen lassen, dabei etwa 200 ml Einweichwasser auffangen.

2 Die Datteln vierteln, mit den eingeweichten Cashewkernen und dem aufgefangenen Einweichwasser in den Mixer geben und alles fein pürieren.

3 Den Dip mit Currypulver, Salz und Pfeffer abschmecken. Er passt zu den Gemüsebrötchen von Seite 56 oder als Dip für Ofengemüse und hält sich im Kühlschrank etwa 3 Tage.

Linsen-Balsamico-Aufstrich

VEGAN PREP

Für 10 Portionen
Zubereitung: 10 Minuten
Garen: 25 Minuten

- 75 g grüne Linsen
- 250 g Cocktailtomaten
- 1 rote Zwiebel
- 1 Knoblauchzehe
- 2 EL Olivenöl
- 2 TL getrockneter Oregano
- 2 EL Aceto balsamico
- 1 TL Ahornsirup
- 1 EL Tomatenmark
- 2 EL kalt gepresstes Hanföl
- Salz, Pfeffer

Nährwerte pro Portion:
ca. 75 kcal,
2 g EW, 4 g F, 3 g KH

1 Die Linsen in einem Sieb abbrausen und in einem kleinen Topf in der doppelten Menge Wasser (ca. 150 ml) mit geschlossenem Deckel etwa 25 Minuten weich garen. Falls noch Kochwasser übrig ist, die Linsen in ein Sieb abgießen und abtropfen lassen.

2 Inzwischen die Tomaten waschen und halbieren. Zwiebel und Knoblauch schälen und fein würfeln, in einem Topf im Olivenöl bei mittlerer Hitze andünsten. Dann Tomaten, Oregano, Essig, Ahornsirup und Tomatenmark dazugeben und alles noch etwa 10 Minuten garen, dabei ab und zu umrühren.

3 Den Tomaten-Mix in einen hohen Rührbecher geben, Linsen und Hanföl unterrühren und alles mit dem Stabmixer grob pürieren. Den Aufstrich mit Salz und Pfeffer würzen. Er hält sich im Kühlschrank gut verschlossen 5 bis 6 Tage. Man kann den Aufstrich auch als Nudelsauce oder Dip zu Ofengemüse verwenden.

Vollkornschnitte mit Avocado und Sprossen

VEGAN *FIX* *PREP* *TAKE AWAY*

Für 2 Personen
Zubereitung: 15 Minuten

- 100 g Nusstofu (ersatzweise Räuchertofu)
- 1 EL geröstetes Sesamöl
- 1 Avocado
- ½ Zitrone
- Salz, Pfeffer
- 6 Radieschen
- 4 EL Radieschen- oder Rettichsprossen
- 2 große Scheiben Vollkornbrot (à ca. 60 g)

Nährwerte pro Portion:
ca. 380 kcal,
15 g EW, 20 g F, 29 g KH

1 Den Tofu in 8 dünne Scheiben schneiden. Das Öl in einer Pfanne erhitzen und die Tofuscheiben darin bei mittlerer Hitze etwa 5 Minuten braten, dabei nach etwa 3 Minuten wenden. Vom Herd nehmen.

2 Inzwischen die Avocado halbieren, entkernen und das Fruchtfleisch aus den Schalen lösen. In eine Schüssel geben. Die Zitronenhälfte auspressen und den Saft sofort zur Avocado gießen, damit sie sich nicht bräunlich verfärbt. Alles mit einer Gabel zu einer gleichmäßigen Creme zerdrücken, salzen und pfeffern.

3 Die Radieschen putzen, waschen und in dünne Scheiben schneiden. Die Sprossen in einem Sieb gründlich heiß abbrausen und abtropfen lassen. Zum Servieren die Brotscheiben erst mit der Avocadocreme bestreichen, dann mit Tofu und Radieschen belegen und mit den Sprossen garnieren.

4 Wer will, zieht die Sprossen selbst: Dazu eine Auflaufform mit Küchenpapier auslegen und mit Wasser befeuchten. Die Samen in einem Sieb abbrausen und in der Form verteilen. Nach wenigen Tagen sind die Sprossen verzehrfähig.

MEIN GESUNDHEITSTIPP

Radieschen und -sprossen enthalten neben konzentrierten Nährstoffen wie Kalium und Folsäure auch Senföle. Diese sekundären Pflanzenstoffe wirken antioxidativ, können also freie Radikale abwehren. Wichtig: Andere Keimlinge (von Erbsen, Bohnen und Linsen) sollten Sie vor dem Essen mindestens 2 Minuten blanchieren oder mitgaren, um ungünstige Stoffe unschädlich zu machen.

Eiersalat mit Putenbrust

FIX PREP

Für 2 Personen
Zubereitung: 15 Minuten

- 4 Bio-Eier (Größe M)
- 100 g Apfel
- 100 g Radieschen
- 1 Schalotte
- 50 g Cornichons (aus dem Glas, mit 1 EL Einlegewasser)
- 50 g Salatgurke
- 50 g Putenaufschnitt
- 50 g Naturjoghurt (3,5 % Fett)
- 1 EL Weißweinessig
- Salz, Pfeffer
- ½ Beet Kresse

Nährwerte pro Portion:
ca. 240 kcal,
21 g EW, 11 g F, 12 g KH

1 Die Eier in kochendem Wasser etwa 8 Minuten hart kochen, danach kalt abschrecken und abkühlen lassen.

2 Inzwischen den Apfel vierteln, schälen und entkernen, die Apfelviertel in kleine Würfel schneiden. Die Radieschen putzen, waschen und in dünne Scheiben schneiden. Die Schalotte schälen und in feine Würfel schneiden. Die Cornichons in kleine Würfel schneiden. Die Gurke schälen und ebenfalls in kleine Würfel schneiden. Den Putenaufschnitt in feine Streifen schneiden.

3 Die Eier pellen und in Scheiben schneiden. Für das Dressing den Joghurt mit dem Cornichon-Einlegewasser und Essig in einer kleinen Schüssel gut verrühren, mit Salz und Pfeffer abschmecken. Alle Zutaten in einer Salatschüssel mischen und das Dressing unterheben.

4 Zum Servieren die Kresse vom Beet schneiden, waschen und trocken tupfen. Den Eiersalat auf Tellern anrichten und mit der Kresse garnieren. Dazu passt pro Person 1 Scheibe Vollkornbrot oder Dinkeltoast.

MEIN GESUNDHEITSTIPP

Wurstwaren sollten Sie bei Long Covid und CFS nur in geringer Menge genießen – und wenn, dann möglichst in Bioqualität und ohne Schweinefleischanteil. Denn Schweinefleisch enthält viele Omega-6-Fettsäuren, die der Körper zu entzündungsfördernder Arachidonsäure abbaut. Putenaufschnitt dagegen ist arachidonsäurearm und liefert – wie die Eier – hochwertige Proteine.

Kräuteromelett mit Krabben

FIX

Für 2 Personen
Zubereitung: 10 Minuten

- 4 Bio-Eier (Größe M)
- 40 g Sahne
- Salz, Pfeffer
- 2 Kapern
- 100 g Krabben (vorgegart und geschält)
- 1 Handvoll Kerbelblätter
- 1 Handvoll Dillspitzen
- 1 EL Rapsöl

Nährwerte pro Portion:
ca. 300 kcal,
23 g EW, 22 g F, 3 g KH

1 Die Eier in einer Schüssel mit der Sahne verquirlen und mit Salz und Pfeffer würzen. Die Kapern sehr fein hacken. Die Krabben in einem Sieb abbrausen und abtropfen lassen. Die Kräuter waschen, trocken tupfen und fein hacken.

2 Das Öl in einer Pfanne erhitzen, die Eiermasse hineingießen und so lange rühren, bis das Ei zu stocken beginnt. Dann nicht mehr rühren und das Omelett etwa 3 Minuten stocken lassen. Anschließend Kapern und Krabben über das Omelett streuen und alles noch etwa 2 Minuten garen.

3 Zum Servieren das Omelett halbieren, jeweils eine Hälfte auf einen vorgewärmten Teller geben und mit Kerbel und Dill garnieren. Dazu passt pro Person 1 Scheibe Dinkeltoast.

MEIN GESUNDHEITSTIPP

Ein leckeres Omelett mit hochwertigen Proteinen darf gerne öfter auf den Frühstückstisch. Denn Proteine sind der Hauptbaustoff und Energielieferant unseres Immunsystems. Hühnereier besitzen die höchste biologische Wertigkeit, das heißt, aus ihrem Eiweiß kann unser Organismus sehr effizient körpereigene Proteine herstellen. Wichtig: Auch Eier möglichst nur in Bioqualität kaufen.

IMMUN-BOOSTER

Mit diesen Blitzrezepten können Sie Ihrem Körper auf die Schnelle etwas Gutes tun. Egal, ob als gesunder Energiekick zwischendurch oder als Ergänzung zu einer Mahlzeit.

Fruchtiger Energy-Shake

Für 2 Personen: 2 reife Bananen schälen und in grobe Stücke schneiden. Mit 350 ml Orangensaft (am besten Direktsaft), 150 ml Möhrensaft, 3 EL Haferkleie und 2 EL kalt gepresstem Leinöl in den Mixer geben und alles fein pürieren. (Alternativ die Zutaten in einem hohen Rührbecher mit dem Stabmixer zerkleineren.) Den Shake auf Gläser verteilen und sofort genießen.

Zubereitung: 5 Minuten
Nährwerte pro Portion:
ca. 320 kcal, 5 g EW, 12 g F, 42 g KH

VEGAN FIX TAKE AWAY

MEIN GESUNDHEITSTIPP

In jedem der drei Powergetränke stecken besonders wertvolle Obst- und Gemüsesorten wie Orangen, Möhren, Beeren und Holunder – sie alle stärken unser Immunsystem mit wichtigen Vitaminen und Antioxidanzien. Dazu liefern Lein- und Hanföl hochwertige Fettsäuren, Joghurt probiotische Milchsäurebakterien und Hanfprotein lang sättigendes Eiweiß.

Beeren-Vanille-Shake

Für 2 Personen: 200 g tiefgekühlte gemischte Beeren in einem Topf kurz erhitzen und auftauen lassen. Inzwischen ¼ Vanilleschote längs aufschneiden und das Mark herauskratzen. Beeren und Vanillemarkk mit 150 ml Apfelsaft (am besten Direktsaft), 200 g Naturjoghurt (3,5 % Fett) sowie 50 ml Milch (3,5 % Fett) in den Mixer geben und alles zu einem Shake pürieren. Auf Gläser verteilen und sofort genießen. Bei Untergewicht 200 g griech. Joghurt (10 % Fett) statt des Naturjoghurts verwenden.

Zubereitung: 5 Minuten
Auftauen: 15 Minuten
Nährwerte pro Portion:
ca. 170 kcal, 6 g EW, 5 g F, 21 g KH

VEGGIE FIX PREP

Papaya-Holunder-Smoothie

Für 2 Personen: 300 g Papaya schälen, halbieren, entkernen und in grobe Würfel schneiden. ¼ Vanilleschote längs aufschneiden und das Mark herauskratzen. Die Papaya mit Vanillemark, 200 ml Holunderbeersaft (am besten Direktsaft) sowie 4 EL Zitronensaft in den Mixer geben und alles fein pürieren. Danach 1 TL bis 1 EL Hanfproteinpulver (am besten Bio, z. B. von Govinda) und 1 TL bis 1 EL kalt gepresstes Hanföl mit einem Löffel unterrühren. Den Smoothie auf Gläser verteilen und sofort genießen.

Zubereitung: 8 Minuten
Nährwerte pro Portion:
ca. 140 kcal, 4 g EW, 5 g F, 15 g KH

VEGAN FIX PREP

KLEINE GERICHTE

Suppen, Salate, Ofengemüse: Die folgenden Rezepte liefern die Basis für fix gemachte Nährstoffbomben. Ideal als Lunch oder leichtes Abendessen, das viel Gutes liefert, ohne den Körper zu belasten.

FÜR DEN KLEINEN HUNGER, WENN'S SCHNELL GEHEN SOLL!

Avocadosuppe mit Croûtons

VEGAN FIX PREP

Für 2 Personen
Zubereitung: 20 Minuten

- 1 kleine Zwiebel
- 450 g Avocado
- 1 Bio-Limette
- 1 ½ EL geröstetes Sesamöl
- 300 ml vegane Gemüsebrühe
- 50 g Hafersahne (ersatzweise Sojasahne)
- 1 Scheibe Schwarzbrot (ca. 45 g; oder Pumpernickel)
- 1 Handvoll Koriandergrünblätter
- 1 Msp. Chilipulver
- Salz, Pfeffer

Nährwerte pro Portion:
ca. 390 kcal,
1 g EW, 27 g F, 16 g KH

1 Die Zwiebel schälen und fein würfeln. Die Avocado halbieren und die Kerne entfernen, das Fruchtfleisch aus den Schalen lösen und in grobe Stücke schneiden. Die Limette heiß waschen, abtrocknen und ca. 1 TL Schale fein abreiben, dann die Limette halbieren und etwa 2 EL Saft auspressen.

2 Die Zwiebel in einem großen Topf im Öl etwa 2 Minuten andünsten. Die Avocado hinzufügen und etwa 2 Minuten mitdünsten. Dann Brühe, Sahne und Limettensaft dazugießen und alles mit geschlossenem Deckel bei mittlerer Hitze etwa 5 Minuten köcheln lassen.

3 Inzwischen das Schwarzbrot in kleine Würfel schneiden und in der Pfanne im restlichen Öl anrösten. Vom Herd nehmen und abkühlen lassen. Das Koriandergrün waschen, trocken tupfen und samt Stielen fein hacken.

4 Zum Servieren die Suppe im Topf mit dem Stabmixer cremig pürieren und mit Chilipulver, Limettenschale, Salz und Pfeffer abschmecken. Die Suppe auf tiefe Teller oder Schalen verteilen und mit Croûtons und Koriandergrün garnieren. Als Topping nach Belieben noch Sprossen (z. B. Brokkolisprossen) ergänzen – sie wirken entzündungshemmend und unterstützen das Immunsystem.

MEIN GESUNDHEITSTIPP

Damit sie vegan ist, kommt hier statt Sahne oder Kochsahne eine Pflanzensahne in die cremige Suppe. Die pflanzlichen Alternativen basieren meist auf Zutaten wie Soja, Mandeln, Hafer, Reis oder Dinkel, mitunter auch Cashewkernen und Kokosnuss. Die großen Vorteile von Pflanzensahne: Sie enthält weniger Fett, weniger gesättigte Fettsäuren – und ist frei von Cholesterin.

Pastinaken-Süßkartoffel-Suppe

VEGAN PREP

Für 2 Personen
Zubereitung: 25 Minuten

- 200 g Pastinaken
- 200 g Süßkartoffel
- 30 g Ingwer
- 1 weiße Zwiebel
- ½ Orange
- 1 EL Sesamöl
- 80 ml Kokosmilch
- 400 ml vegane Gemüsebrühe
- ½ Beet Kresse
- 1 EL Sesamsamen (ungeschält)
- 1 TL gemahlene Kurkuma
- 1 Msp. Cayennepfeffer
- Salz

Nährwerte pro Portion:
ca. 390 kcal,
6 g EW, 21 g F, 40 g KH

1 Pastinaken und Süßkartoffel schälen und in etwa 1 cm große Würfel schneiden. Den Ingwer schälen und fein reiben. Die Zwiebel schälen und fein würfeln. Die Orangenhälfte auspressen.

2 Pastinaken- und Süßkartoffelstücke in einem großen Topf im Öl etwa 4 Minuten anrösten. Ingwer und Zwiebel hinzufügen und etwa 3 Minuten mitdünsten. Kokosmilch, Brühe und Orangensaft dazugießen. Alles bei fast geschlossenem Deckel bei mittlerer Hitze etwa 10 Minuten köcheln lassen.

3 Inzwischen die Kresse waschen, trocken tupfen und grob hacken. Den Sesam in einer kleinen Pfanne ohne Fett anrösten, herausnehmen und abkühlen lassen.

4 Zum Servieren die Suppe im Topf mit dem Stabmixer cremig pürieren und mit Kurkuma, Cayennepfeffer und Salz abschmecken. Die Suppe auf tiefe Teller oder Schalen verteilen und mit Kresse und Sesam garnieren.

Schwarze Bohnensuppe

VEGAN PREP

Für 2 Personen
Zubereitung: 35 Minuten

- 1 rote Zwiebel
- 1 Knoblauchzehe
- 1 rote Paprikaschote
- 1 gelbe Paprikaschote
- 300 g schwarze Bohnen (aus Glas oder Dose)
- 140 g Mais (aus Glas oder Dose)
- 2 EL Olivenöl
- 1 TL gemahlener Koriander
- 1 TL edelsüßes Paprikapulver
- ½ TL rosenscharfes Paprikapulver
- 2 EL Tomatenmark
- Salz, Pfeffer
- Saft von 1 Limette
- ½ Bund Koriandergrün

Nährwerte pro Portion:
ca. 340 kcal,
13 g EW, 14 g F, 38 g KH

1 Zwiebel und Knoblauch schälen und fein würfeln. Paprika halbieren, waschen, entkernen und klein würfeln. Bohnen und Mais in einem Sieb abbrausen und abtropfen lassen. Zwiebel und Knoblauch in einem Topf im Öl mit gemahlenem Koriander und beiden Paprikapulvern bei mittlerer Hitze etwa 5 Minuten andünsten. Paprika und etwa 100 ml Wasser dazugeben, alles noch etwa 15 Minuten köcheln lassen.

2 Bohnen und Mais mit etwa 200 ml Wasser und Tomatenmark hinzufügen. Alles aufkochen, mit Salz und Pfeffer würzen, dann den Herd ausschalten. Limettensaft dazugießen, die Hälfte der Suppe in einen hohen Rührbecher geben und mit dem Stabmixer fein pürieren. Danach wieder zur restlichen, nicht pürierten Suppe zurück in den Topf geben.

3 Zum Servieren Koriandergrün waschen und trocken tupfen, ein wenig zum Garnieren beiseitelegen, den Rest samt Stielen fein hacken und unter die Suppe rühren. Auf Schalen oder tiefe Teller verteilen und mit Koriandergrün garnieren.

Brokkoli-Linsen-Suppe mit Garnelen

PREP

Für 2 Personen
Zubereitung: 30 Minuten

- 1 Zwiebel
- 1 Knoblauchzehe
- 400 g Brokkoli
- 1 Pastinake (ca. 150 g)
- 2 EL Rapsöl
- 40 g rote Linsen
- ½ l Gemüsebrühe
- 20 g Kochsahne
- ¼ TL Cayennepfeffer
- 2 EL Sonnenblumenkerne
- 100 g Garnelen (frisch oder tiefgekühlt, geschält und entdarmt)
- 1 EL Sojasauce
- 4 kleine Holzspieße

Nährwerte pro Portion:
ca. 365 kcal,
22 g EW, 18 g F, 25 g KH

1 Zwiebel und Knoblauch schälen und separat fein würfeln. Den Brokkoli putzen, waschen und in Röschen teilen, die obere Hälfte des Strunks in kleine Stücke schneiden. Die Pastinake schälen und in kleine Stücke schneiden.

2 In einem Topf 1 EL Öl erhitzen und die Zwiebel darin andünsten, dann Knoblauch, Brokkoli und Pastinake hinzufügen. Alles kurz anbraten, Linsen, Brühe und Sahne dazugeben. Alles mit Cayennepfeffer würzen, mit geschlossenem Deckel aufkochen und bei mittlerer Hitze etwa 12 Minuten garen.

3 Inzwischen die Sonnenblumenkerne in einer Pfanne ohne Fett kurz anrösten, herausnehmen und abkühlen lassen. Die Garnelen waschen und trocken tupfen (Tiefkühlware rechtzeitig auftauen lassen und die Flüssigkeit abgießen). Die Garnelen gleichmäßig auf die Holzspieße stecken und in einer Pfanne im übrigen Öl auf jeder Seite etwa 2 Minuten braten, dabei mit der Sojasauce bestreichen.

4 Zum Servieren die Suppe im Topf mit dem Stabmixer fein pürieren und auf Schalen oder tiefe Teller verteilen. Mit Sonnenblumenkernen bestreuen und jeweils 2 Garnelenspieße daraufsetzen.

MEIN GESUNDHEITSTIPP

Brokkoli gehört zu den gesündesten Gemüsesorten überhaupt. Die grünen Röschen enthalten wie ihre zahlreichen Kohlverwandten reichlich Senfölglykoside, wirkmächtige sekundäre Pflanzenstoffe. Zudem versorgen sie uns großzügig mit Vitaminen, wie zum Beispiel Vitamin C oder Beta-Carotin – beide wirken unter anderem antioxidativ, also zellschützend, im Stoffwechsel.

Sprossensalat mit Halloumi

VEGGIE PREP TAKE AWAY

Für 2 Personen
Zubereitung: 20 Minuten
Garen: 15 Minuten

- 100 g Halloumi (Grillkäse)
- 2 EL Olivenöl
- 50 g gemischte Sprossen (z. B. Alfalfa- oder Mungobohnensprossen)
- 100 g Romanasalat
- 2 Stangen Staudensellerie (ca. 75 g)
- 60 g kernlose Weintrauben
- 10 g Sonnenblumenkerne
- 10 g Kürbiskerne
- 1 EL kalt gepresstes Hanföl
- 1 EL Weißweinessig
- 1 TL körniger Senf
- ½ TL flüssiger Honig
- Salz, Pfeffer

Nährwerte pro Portion:
ca. 400 kcal,
17 g EW, 32 g F, 11 g KH

1 Den Halloumi in Streifen schneiden. 1 EL Olivenöl in einer Pfanne erhitzen und den Halloumi darin bei mittlerer Hitze etwa 10 Minuten leicht anbraten, dabei ab und zu wenden.

2 Die Sprossen in einem Sieb gründlich abbrausen und abtropfen lassen. Vom Romana die äußeren Blätter entfernen. Den Salat in die einzelnen Blätter teilen, waschen, trocken schleudern und in Streifen schneiden. Den Sellerie putzen, waschen und in dünne Scheiben schneiden. Die Weintrauben waschen und halbieren. Sprossen, Salat, Sellerie und Trauben in einer Salatschüssel mischen.

3 Die Sonnenblumenkerne und Kürbiskerne in einer Pfanne ohne Fett etwa 10 Minuten leicht rösten, herausnehmen und abkühlen lassen.

4 Für das Dressing das restliche Olivenöl mit Hanföl, Essig, Senf und Honig gründlich verrühren und mit Salz und Pfeffer abschmecken. Zum Servieren den Salat mit dem Halloumi auf Teller verteilen, mit dem Dressing beträufeln und mit dem Kerne-Mix bestreuen.

MEIN GESUNDHEITSTIPP

Nach Leinöl weist kalt gepresstes Hanföl den höchsten Gehalt an pflanzlicher Alpha-Linolensäure auf. Diese ungesättigte Fettsäure ist unerlässlich bei chronischer Erschöpfung, da sie Entzündungsprozesse im Körper bremsen kann. Außerdem enthält das Öl Vitamin E, das antioxidativ wirkt und unser Immunsystem stimuliert. Genießen Sie Hanf- oder Leinöl daher am besten täglich!

ENERGIE-BOOSTER

Sie leiden unter Kraftmangel oder Untergewicht? Dann heißt es für Sie: zugreifen! Denn die folgenden Rezepte ergeben dank ihrer hohen Kalorienzahl ideale Zwischenmahlzeiten.

Energy Balls mit Nussnugat

Für 14 Stück: 100 g Datteln halbieren, entsteinen und mit 50 g zarten Haferflocken, 2 EL Erdnussmus, 1 TL Zimtpulver sowie 1 Prise Salz und 50 bis 60 ml Wasser im Mixer glatt pürieren. 3 EL Haselnussmus, 2 EL Kakaopulver und 1 TL Vanillezucker mischen. Die Dattelmasse in 14 Portionen teilen und jede Portion mit angefeuchteten Händen zu einer Kugel formen. Jeweils eine Mulde in die Mitte drücken, etwas Haselnuss-Mix hineingeben und die Kugeln verschließen. In 20 g zarten Haferflocken wälzen und etwa 1 Stunde kühl stellen. Die Kugeln halten sich verschlossen etwa 1 Woche im Kühlschrank.

Zubereitung: 30 Minuten
Kühlen: 1 Stunde
Nährwerte pro Stück:
ca. 90 kcal, 3 g EW, 5 g F, 8 g KH

VEGAN *PREP* *TAKE AWAY*

MEIN GESUNDHEITSTIPP

Alle Energie-Booster bilden eine gesunde Alternative zu herkömmlichen, ungünstigen Snacks – und punkten zusätzlich mit hoher Nährstoffdichte. Dabei liefern etwa Nüsse und Ölsaaten unter anderem Zink, Magnesium und Selen. Und Hülsenfrüchte – beispielsweise vertreten im Kichererbsenmehl – sowie Erdnüsse versorgen uns zusätzlich mit wertvollem Pflanzeneiweiß.

Knusprige Okraschoten

Für 2 Personen: 8 Okraschoten putzen, waschen und halbieren. 1 EL Kichererbsenmehl, 1 TL gemahlene Kurkuma, 1 TL gemahlener Koriander und ½ TL rosenscharfes Paprikapulver in einer Schüssel mischen. Die Okraschoten im Gewürz-Mix wenden, sodass sie möglichst rundum damit überzogen sind. 2 EL natives Kokosöl in einer Pfanne erhitzen und die panierten Okraschoten darin bei mittlerer Hitze etwa 10 Minuten rundum knusprig braten, ab und zu wenden. Salzen und pfeffern und noch warm servieren.

Zubereitung: 15 Minuten
Nährwerte pro Portion:
ca. 155 kcal, 5 g EW, 10 g F, 7 g KH

VEGAN FIX

Müsliriegel

Für 10 Stück: Den Backofen auf 180 °C Umluft vorheizen. Je 20 g geschälte Mandeln, Paranuss- und Cashewkerne fein hacken und mit 100 g zarten Haferflocken sowie 30 g Leinsamen in einer Schüssel gut mischen. 40 g natives Kokosöl in einem Topf zerlassen. Dann mit 50 ml Ahornsirup, 1 TL hellem Mandelmus und 1 Prise Salz über die trockenen Zutaten geben und gut mischen. Die Masse in einer mit Backpapier ausgelegten Auflaufform (ca. 15 x 25 cm) verteilen und die Oberfläche glatt streichen. Im Ofen auf der mittleren Schiene etwa 15 Minuten backen, herausnehmen und noch heiß in 10 Riegel schneiden. Abkühlen und fest werden lassen.

Zubereitung: 25 Minuten
Nährwerte pro Stück:
ca. 145 kcal, 3 g EW, 9 g F, 10 g KH

VEGAN PREP TAKE AWAY

Pak-Choi-Mango-Salat mit Tofu

VEGAN PREP TAKE AWAY

Für 2 Personen
Zubereitung: 30 Minuten

- 200 g Tofu
- 1 Bio-Limette
- 2 EL geröstetes Sesamöl
- je 10 g helle und dunkle Sesamsamen
- 300 g Pak Choi (ersatzweise Mangold)
- 2 Frühlingszwiebeln
- ½ Mango (ca. 250 g)
- 1 Knoblauchzehe
- 5 g Ingwer
- 1 rote Chilischote
- 1 TL Misopaste
- 1 EL Sojasauce
- 1 EL Reisessig
- 1 TL Ahornsirup
- Salz, Pfeffer

Nährwerte pro Portion:
ca. 400 kcal,
21 g EW, 22 g F, 24 g KH

1 Den Tofu in etwa 1 cm große Würfel schneiden. Die Limette heiß waschen, abtrocknen und die Schale fein abreiben. 1 EL Öl in einer Pfanne erhitzen und Tofu und Limettenschale darin bei mittlerer Hitze etwa 10 Minuten anbraten. Nach etwa 5 Minuten den Sesam hinzufügen und mitrösten. Dann die Pfanne vom Herd nehmen.

2 Den Pak Choi putzen, waschen und den harten Strunk entfernen, die Blätter in dünne Streifen schneiden. Die Frühlingszwiebeln putzen, waschen und in dünne Ringe schneiden. Die Mango schälen, das Fruchtfleisch erst vom Kern und dann in Würfel schneiden.

3 Für das Dressing Knoblauch und Ingwer schälen, die Chilischote waschen, alles fein hacken und in eine kleine Schüssel geben. Die Limette halbieren und auspressen, den Saft über Knoblauch, Ingwer und Chili träufeln. Misopaste, restliches Öl, Sojasauce, Reisessig und Honig verrühren und den Knoblauch-Ingwer-Mix dazugeben. Zuletzt das Dressing mit Salz und Pfeffer abschmecken.

4 Zum Servieren Pak Choi, Frühlingszwiebeln und Mango auf Teller verteilen. Mit dem Misodressing beträufeln und den Sesamtofu darauf anrichten.

Rote-Bete-Salat mit Granatapfelkernen

VEGAN FIX PREP TAKE AWAY

Für 2 Personen
Zubereitung: 20 Minuten

- 400 g Rote Bete (vorgegart und ggf. vakuumiert)
- 2 Frühlingszwiebeln
- 1 Knoblauchzehe
- 20 g Walnusskerne
- 20 g Rucola
- 1 Bio-Zitrone
- 1 TL Rapsöl
- 1 EL Walnussöl
- 1 TL Tahin (Sesampaste)
- 1 EL Ahornsirup
- Salz, Pfeffer
- 30 g Granatapfelkerne

Nährwerte pro Portion:
ca. 320 kcal,
6 g EW, 17 g F, 30 g KH

1 Die Rote Bete (ggf. auf der Gemüsereibe) in etwa 1 cm dicke Scheiben schneiden (Achtung, sie färbt stark ab!) und in eine Salatschüssel geben. Die Frühlingszwiebeln putzen, waschen und schräg in etwa 2 cm große Stücke schneiden. Den Knoblauch schälen und fein würfeln. Die Walnüsse grob hacken. Den Rucola verlesen, waschen und trocken tupfen. Die Zitrone heiß waschen, abtrocknen und 1 TL Schale fein abreiben. Die Zitrone halbieren und 2 EL Saft auspressen.

2 Das Rapsöl in einer Pfanne erhitzen und Frühlingszwiebeln und Knoblauch darin etwa 3 Minuten andünsten, anschließend zur Roten Bete geben.

3 Für das Dressing Walnussöl, Tahin, Ahornsirup, Zitronenschale und -saft in einer kleinen Schüssel verrühren und mit Salz und Pfeffer würzen. Das Dressing über den Rote-Bete-Mix träufeln, gut mischen und etwa 5 Minuten ziehen lassen.

4 Anschließend den Rote-Bete-Salat auf Tellern anrichten und mit Rucola, Nüssen und Granatapfelkernen garnieren.

MEIN GESUNDHEITSTIPP

Der Name kommt nicht von ungefähr: Die Kerne des Granatapfels leuchten wie Granat – ein Edelstein. Auch in Sachen Nährstoffe sind Granatäpfel äußerst wertvoll. Denn sie enthalten jede Menge Kalium und Polyphenole. Letztere gehören zu den sekundären Pflanzenstoffen, wirken antioxidativ sowie entzündungshemmend und helfen, den Blutdruck zu regulieren.

Spitzkohlsalat mit Ingwerdressing

VEGGIE FIX PREP TAKE AWAY

Für 2 Personen
Zubereitung: 20 Minuten

- ½ Spitzkohl (ca. 300 g)
- 1 kleine Möhre
- Salz
- 240 g weiße Riesenbohnen (aus Glas oder Dose)
- 30 g Sonnenblumenkerne
- 1 TL Sojasauce
- 5 g Ingwer
- 1 Limette
- 2 EL Naturjoghurt (3,5 % Fett)
- 1 EL kalt gepresstes Hanföl
- 1 TL Agavendicksaft
- Pfeffer
- ½ Bund Koriandergrün

Nährwerte pro Portion:
ca. 340 kcal,
19 g EW, 10 g F, 37 g KH

1 Vom Spitzkohl die äußeren Blätter entfernen, den Kohl halbieren und den harten Strunk entfernen. Den Kohl in feine Streifen schneiden. Die Möhre gründlich waschen (alternativ putzen und schälen) und grob raspeln. Beides mit ½ TL Salz in einer Schüssel gründlich mit den Händen durchkneten.

2 Die Bohnen in einem Sieb gründlich abbrausen und abtropfen lassen. Die Sonnenblumenkerne in einer Pfanne ohne Fett etwa 10 Minuten leicht rösten, dabei ab und zu umrühren. Dann mit Sojasauce beträufeln, vom Herd nehmen und abkühlen lassen.

3 Für das Dressing den Ingwer schälen und fein reiben. Die Limette halbieren und auspressen. Beides mit Joghurt, Öl und Agavendicksaft mischen, mit Salz und Pfeffer würzen.

4 Zum Servieren das Koriandergrün waschen, trocken tupfen und samt Stielen fein hacken. Spitzkohl-Möhren-Mix, Bohnen, Dressing und Koriandergrün in einer großen Schüssel mischen, auf Teller verteilen und mit den würzigen Sonnenblumenkernen bestreuen.

MEIN GESUNDHEITSTIPP

Dieser Salat ist ein echter Vitamin-C-Booster: Spitzkohl und Ingwer sind besonders gut geeignet, um unsere Versorgung an dem Vitamin im Winter zu sichern. Und weil der Kohl hier roh in die Schüssel kommt, geht kaum Vitamin C beim Erhitzen oder Garen verloren. Im Vergleich zu anderen Kohlsorten ist Spitzkohl leichter verdaulich und lässt sich daher auch gut roh zubereiten.

Kürbis-Bruschetta mit Feta

VEGGIE FIX PREP

Für 2 Personen
Zubereitung: 15 Minuten

- 250 g Hokkaido-Kürbis
- 1 kleine Zwiebel
- 1 Knoblauchzehe
- 2 EL Olivenöl
- Salz, Pfeffer
- ½ TL rosenscharfes Paprikapulver
- ¼ TL gemahlene Kurkuma
- 6 Scheiben Dinkelbaguette (am besten Vollkorn; à ca. 20 g)
- 20 g Rucola
- 60 g Feta (Schafskäse)

Nährwerte pro Portion:
ca. 375 kcal,
13 g EW, 20 g F, 31 g KH

1 Den Kürbis waschen und in etwa ½ cm große Stücke schneiden. Zwiebel und Knoblauch schälen und in feine Würfel schneiden. Kürbis, Zwiebel und Knoblauch in einer Pfanne in 1 EL Öl etwa 8 Minuten andünsten. Dabei mit Salz, Pfeffer, Paprikapulver und Kurkuma würzen.

2 Die Baguettescheiben in einer weiteren Pfanne im übrigen Öl auf jeder Seite leicht rösten. Den Rucola verlesen, waschen und trocken tupfen, dabei grobe Stiele entfernen.

3 Zum Servieren das Kürbisragout auf den Baguettescheiben verteilen und den Feta darüber zerkrümeln. Mit dem Rucola garnieren.

Räuchermakrelenbrote mit Bärlauchpesto

FIX PREP

Für 2 Personen
Zubereitung: 20 Minuten

- 15 g Pinienkerne
- 2 Handvoll Bärlauchblätter (ersatzweise Petersilie oder Basilikum)
- 10 g geriebener Parmesan
- 2 EL Olivenöl
- Salz, Pfeffer
- 20 g Radieschensprossen
- 2 Scheiben Vollkornbrot (à ca. 45 g; ersatzweise Schwarzbrot)
- 80 g geräucherte Makrele

Nährwerte pro Portion:
ca. 390 kcal,
15 g EW, 28 g F, 19 g KH

1 Die Pinienkerne in einer Pfanne ohne Fett leicht anrösten, herausnehmen und abkühlen lassen. Den Bärlauch verlesen, waschen, trocken tupfen und in wenig Wasser kurz blanchieren. In ein Sieb abgießen, kalt abschrecken, gut ausdrücken und in Streifen schneiden.

2 Pinienkerne, Bärlauch, Parmesan und Öl in einen hohen Rührbecher geben und alles mit dem Stabmixer fein pürieren. Das Pesto mit Salz und Pfeffer würzen. Falls die Konsistenz zu dick ist, noch etwas mehr Öl dazugeben.

3 Zum Servieren die Sprossen in einem Sieb gründlich abbrausen und abtropfen lassen. Die Brotscheiben toasten und mit etwa 1 EL Bärlauchpesto bestreichen. Jeweils mit der Hälfte der geräucherten Makrele belegen, auf Tellern anrichten und mit den Sprossen garnieren.

Kohlrabisalat mit Pastrami

FIX PREP TAKE AWAY

Für 2 Personen
Zubereitung: 15 Minuten

- 500 g Kohlrabi
- 1 Handvoll Petersilienblätter
- 1 Handvoll Kresse
- 50 g Pastrami-Aufschnitt (ersatzweise Putenaufschnitt oder Corned Beef)
- 2 EL rote Rettichsprossen
- 40 g griech. Joghurt (10 % Fett)
- 40 g saure Sahne
- 1 TL abgeriebene Bio-Zitronenschale
- 1 EL Zitronensaft
- Salz, Pfeffer

Nährwerte pro Portion:
ca. 140 kcal,
11 g EW, 6 g F, 8 g KH

1 Den Kohlrabi putzen, schälen und in etwa 1 cm große Würfel schneiden. Petersilie und Kresse waschen, trocken tupfen und grob hacken. Den Pastrami-Aufschnitt in dünne Streifen schneiden. Die Sprossen gründlich in einem Sieb abbrausen und abtropfen lassen.

2 Für das Dressing Joghurt und saure Sahne in einer Salatschüssel verrühren und mit Zitronenschale und -saft, Salz und Pfeffer abschmecken.

3 Zum Servieren die übrigen Zutaten in die Salatschüssel zum Dressing geben. Alles gut mischen und auf Tellern anrichten. Dazu passt pro Person noch 1 getoastete Scheibe Schwarzbrot.

MEIN GESUNDHEITSTIPP

Scharfstoffe hoch zwei: Das Topping aus Kresse und roten Rettichsprossen bildet einen echten Gesund-Booster. Denn die Kresse wirkt dank ihrer aromatischen Senföle antibiotisch, entzündungshemmend und immunstärkend. Und die roten Sprossen helfen mit ihren schwefelhaltigen ätherischen Ölen (ebenfalls mit hohem Senfölanteil!), Bakterien abzuwehren.

Gefüllte Zucchini mit Quinoa und Pute

PREP

Für 2 Personen
Zubereitung: 10 Minuten
Garen: 20 Minuten

- 45 g weiße Quinoa
- 2 Zucchini (ca. 500 g)
- 3 Scheiben Putenaufschnitt (ca. 60 g)
- 1 Knoblauchzehe
- 1 EL Sonnenblumenkerne
- 2 EL Kräuterfrischkäse (Doppelrahmstufe)
- 1 TL getrockneter Oregano
- 1 EL Tomatenmark
- Salz, Pfeffer
- 3 EL geraspelter Emmentaler

Nährwerte pro Portion:
ca. 315 kcal,
22 g EW, 14 g F, 22 g KH

1 Die Quinoa nach Packungsanweisung bissfest garen. Den Backofen auf 180 °C vorheizen. Die Zucchini putzen, waschen und längs halbieren. Mit einem Teelöffel das Fruchtfleisch herauslösen, klein hacken und in eine Schüssel geben.

2 Den Putenaufschnitt in kleine Stücke schneiden. Den Knoblauch schälen und fein würfeln. Beides zum Zucchinifruchtfleisch geben und mit Sonnenblumenkernen, Frischkäse und Oregano mischen.

3 Die gegarte Quinoa mit dem Tomatenmark mischen und ebenfalls unter den Zucchini-Mix rühren. Alles mit Salz und Pfeffer abschmecken.

4 Die Zucchinihälften nebeneinander in eine Auflaufform legen und mit der Quinoa-Puten-Masse füllen. Wenn etwas von der Füllung übrig bleibt, die Masse neben die Zucchini in die Form geben. Die Zucchini mit dem Käse bestreuen und im Ofen auf der mittleren Schiene etwa 20 Minuten garen.

5 Die gefüllten Zucchini aus dem Ofen nehmen und vor dem Servieren kurz abkühlen lassen.

MEIN GESUNDHEITSTIPP

Quinoa zählt zu den Gänsefußgewächsen und ist damit ein sogenanntes Pseudogetreide. Der Vorteil: Anders als echtes Getreide enthält es kein Gluten. Quinoa liefert zwar nicht so viel Eiweiß wie Chiasamen, hat dafür aber eine hohe biologische Wertigkeit. Das macht Quinoa zu einer wertvollen Proteinquelle, die sich auch gut als Beilage eignet, etwa anstelle von Weißmehlpasta.

Ofenblumenkohl mit Kichererbsen

VEGGIE PREP

Für 2 Personen
Zubereitung: 25 Minuten
Garen: 25 Minuten

- 1 kleiner Blumenkohl (400–500 g)
- 1 Zwiebel
- 150 Kichererbsen (aus Glas oder Dose)
- 5 g Ingwer
- 20 g Mandelblättchen
- 1 EL Rosinen
- 1 EL natives Kokosöl
- 2 TL gemahlene Kurkuma
- 2 TL gemahlener Koriander
- 1 TL gemahlener Kreuzkümmel
- Salz, Pfeffer
- 150 g Naturjoghurt (3,5 % Fett)

Nährwerte pro Portion:
ca. 320 kcal,
15 g EW, 5 g F, 25 g KH

1 Den Backofen auf 160 °C Umluft oder 180 °C Ober-/Unterhitze vorheizen. Den Blumenkohl putzen, waschen und in Röschen teilen, den Strunk würfeln. Die Zwiebel schälen, halbieren und in dünne Scheiben schneiden, dann mit dem Blumenkohl in eine große Schüssel geben.

2 Die Kichererbsen in einem Sieb gründlich abbrausen und abtropfen lassen. Den Ingwer schälen und fein reiben, mit Kichererbsen, Mandeln, Rosinen, Öl und Gewürzen zum Blumenkohl geben und alles gründlich mischen. Den Gemüse-Mix auf einem Backblech verteilen und im Ofen auf der mittleren Schiene etwa 25 Minuten garen.

3 Das Gemüse aus dem Ofen nehmen und auf Teller verteilen. Mit dem Joghurt garnieren.

Gebackener Kräuterrosenkohl

VEGGIE PREP

Für 2 Personen
Zubereitung: 20 Minuten
Garen: 30 Minuten

- 500 g Rosenkohl
- ½ Bund Petersilie
- 2 Zweige Thymian
- abgeriebene Schale und Saft von ½ Bio-Zitrone
- 60 g geriebener Pecorino (ersatzweise Parmesan)
- 2 EL Olivenöl
- 1 TL Agavendicksaft
- Salz, Pfeffer
- 3 EL Paniermehl

Nährwerte pro Portion:
ca. 380 kcal,
20 g EW, 20 g F, 23 g KH

1 Den Backofen auf 160 °C Umluft oder 180 °C Ober-/Unterhitze vorheizen. Rosenkohl putzen und die äußeren Blätter entfernen. Den Rosenkohl waschen, halbieren und in eine große Schüssel geben. Die Petersilie waschen, trocken tupfen, die Blätter abzupfen und fein hacken. Den Thymian waschen, trocken tupfen und die Blätter abzupfen. Die Hälfte von Petersilie und Thymian sowie die Zitronenschale und 30 g Pecorino zum Rosenkohl geben.

2 Zitronensaft mit Öl und Agavendicksaft in einer kleinen Schüssel gründlich mischen und mit Salz und Pfeffer würzen. Die Marinade mit dem Paniermehl zum Rosenkohl geben, alles gründlich mischen und in einer Auflaufform verteilen.

3 Den Rosenkohl-Mix mit dem übrigen Pecorino bestreuen und im Ofen auf der mittleren Schiene etwa 30 Minuten garen. Aus dem Ofen nehmen und kurz abkühlen lassen, zum Servieren mit den restlichen Kräutern garnieren.

WARME HAUPT-GERICHTE

Von Gnocchi über Kartoffelgratin bis Zanderfilet: Die folgenden Rezepte begeistern die ganze Familie. Dabei haben die Klassiker einen modernen Touch bekommen: für extraviel Gemüse und Eiweiß auf dem Teller – und mehr Kraft im Alltag.

GESUNDE MITTAG- UND ABENDESSEN FÜR NEUE ENERGIE

Ramen-Bowl mit Gemüse und Pilzen

VEGGIE PREP

Für 2 Personen
Zubereitung: 30 Minuten

- 2 Frühlingszwiebeln
- 150 g Champignons (ersatzweise Shiitake- oder Austernpilze)
- 1 Knoblauchzehe
- 20 g Ingwer
- 200 g Pak Choi
- 1 große Möhre
- 1 ½ EL Sesamöl
- 700 ml Gemüsebrühe
- 1 EL Sojasauce
- 1 EL Reisweinessig
- 1 EL Limettensaft
- 1 EL Ahornsirup
- Pfeffer
- 1 Msp. Chilipulver
- 1 Bio-Ei (Größe M)
- 3 EL Cashewkerne
- 60 g Ramen-Nudeln (ersatzweise Reisbandnudeln)

Nährwerte pro Portion:
ca. 425 kcal,
12 g EW, 25 g F, 33 g KH

1 Die Frühlingszwiebeln putzen, waschen und schräg in Stücke schneiden. Die Pilze putzen, falls nötig, trocken abreiben und in Scheiben schneiden. Knoblauch und Ingwer schälen und in feine Scheiben schneiden. Den Pak Choi putzen, waschen und den harten Strunk entfernen, die Blätter in Streifen schneiden. Die Möhre schälen und auf der Gemüsereibe fein raspeln.

2 Frühlingszwiebeln und Pilze in einem Topf im Öl etwa 3 Minuten anbraten. Knoblauch und Ingwer dazugeben und etwa 2 Minuten mitdünsten. Alles mit der Brühe ablöschen, zuletzt Pak Choi und Möhre hinzufügen und unterheben.

3 Sojasauce, Essig, Limettensaft, Ahornsirup, Pfeffer und Chili in einer Schüssel verrühren und zur Suppe geben. Alles bei fast geschlossenem Deckel etwa 5 Minuten köcheln lasssen.

4 Inzwischen das Ei in kochendem Wasser 6 bis 7 Minuten garen, anschließend kalt abschrecken, pellen und längs halbieren. Die Cashewkerne grob hacken. Die Ramen-Nudeln zur Suppe hinzufügen, den Topf vom Herd nehmen und die Nudeln in der heißen Suppe etwa 5 Minuten ziehen lassen.

5 Zum Servieren die Ramen-Suppe auf Schalen oder tiefe Teller verteilen und jeweils 1 Eihälfte daraufsetzen, mit den gehackten Cashewkernen garnieren.

Zucchinisuppe mit Mandeln

VEGGIE PREP

Für 2 Personen
Zubereitung: 30 Minuten

- 120 g mehligkochende Kartoffeln
- ¼ l Gemüsebrühe
- 250 g Zucchini
- 1 kleine Zwiebel
- 1 EL Rapsöl
- 100 g Kochsahne
- je 30 g schwarze und grüne Oliven (in Lake, ohne Stein)
- 3 EL Mandelblättchen
- Salz, Pfeffer

Nährwerte pro Portion:
ca. 460 kcal,
33 g EW, 16 g F, 39 g KH

1 Die Kartoffeln schälen, in grobe Würfel schneiden und in einem Topf in der Brühe etwa 20 Minuten weich garen. Währenddessen die Zucchini putzen, waschen und in grobe Stücke schneiden. Die Zwiebel schälen und fein würfeln.

2 In einer Pfanne das Öl erhitzen und die Zucchini darin etwa 7 Minuten andünsten, dabei nach etwa 5 Minuten die Zwiebel dazugeben. Beides zu den gegarten Kartoffeln in die Brühe geben und alles im Topf mit dem Stabmixer fein pürieren. Die Kochsahne hinzufügen und die Suppe noch etwa 5 Minuten köcheln lassen.

3 Inzwischen die Oliven in feine Ringe schneiden. Die Mandelblättchen in einer Pfanne ohne Fett leicht anrösten, herausnehmen und abkühlen lassen. Zum Servieren die Suppe mit Salz und Pfeffer würzen, auf Schalen oder tiefe Teller verteilen und mit Oliven und Mandeln garnieren.

Zitronengemüse aus dem Ofen

VEGGIE PREP

Für 2 Personen
Zubereitung: 15 Minuten
Garen: 40 Minuten

- 400 g festkochende Kartoffeln
- 2 Fenchelknollen (ca. 400 g)
- 1 rote Zwiebel
- 1 Bio-Zitrone
- 3 EL Olivenöl
- grobes Meersalz
- Pfeffer
- 400 g Magerquark
- 4 EL tiefgekühlte ital. Kräuter

Nährwerte pro Portion:
ca. 460 kcal,
33 g EW, 16 g F, 39 g KH

1 Den Backofen auf 180 °C Ober-/Unterhitze oder 160 °C Umluft vorheizen. Die Kartoffeln gründlich mit einer Gemüsebürste waschen, längs halbieren und mit der Schnittfläche nach oben nebeneinander auf ein Backblech legen. Fenchel putzen, waschen und die Knollen längs achteln, ebenfalls mit den Schnittflächen nach oben auf das Blech legen. Zwiebel schälen, achteln und dazulegen. Zitrone heiß waschen, abtrocknen und in dünne Scheiben schneiden.

2 Kartoffeln, Fenchel und Zwiebel mit Öl bestreichen, Kartoffeln und Fenchel mit Zitronenscheiben belegen. Alles mit Meersalz und Pfeffer würzen. Das Gemüse im Ofen auf der mittleren Schiene etwa 40 Minuten bissfest garen.

3 Währenddessen den Quark in einer Schüssel mit den Kräutern mischen, mit Meersalz und Pfeffer abschmecken. Zum Servieren das Zitronengemüse aus dem Ofen nehmen und mit dem Kräuterquark servieren.

Gebratener Chicorée mit Tempeh

VEGAN PREP

Für 2 Personen
Zubereitung: 35 Minuten

- 3 Frühlingszwiebeln
- 5 g Ingwer
- 1 Knoblauchzehe
- 1 kleine rote Chilischote
- 3 Chicorée (ca. 500 g)
- 200 g Tempeh
- 2 EL natives Kokosöl
- abgeriebene Schale und Saft von 1 Bio-Limette
- 1 EL Sojasauce
- 1 TL Agavendicksaft
- 1 TL Misopaste
- 100 g Vollkornreisnudeln
- Salz, Pfeffer
- 20 g helle Sesamsamen

Nährwerte pro Portion:
ca. 590 kcal,
30 g EW, 25 g F, 54 g KH

1 Die Frühlingszwiebeln putzen, waschen und in dünne Ringe schneiden, dabei den grünen Anteil zum Garnieren beiseitestellen. Ingwer schälen und fein hacken. Knoblauch schälen und fein würfeln. Chilischote halbieren, entkernen, waschen und in dünne Ringe schneiden. Chicorée waschen, den Strunk entfernen und die Blätter jeweils schräg in etwa 5 Scheiben schneiden. Den Tempeh in Scheiben schneiden.

2 Das Öl in einer großen Pfanne erhitzen, Frühlingszwiebeln, Ingwer, Knoblauch, Chilischote und Limettenschale darin bei mittlerer Hitze etwa 5 Minuten anbraten. Dann Chicorée und Tempeh hinzufügen und alles noch etwa 15 Minuten garen, dabei ab und zu wenden.

3 In einer kleinen Schüssel Limettensaft, Sojasauce, Agavendicksaft und Misopaste verrühren, in die Pfanne geben und alles noch 2 bis 3 Minuten weiterbraten. Währenddessen die Reisnudeln in leicht gesalzenem Wasser nach Packungsanweisung weich garen. Sesam in einer Pfanne ohne Fett etwa 5 Minuten rösten, herausnehmen und abkühlen lassen.

4 Zum Servieren die Reisnudeln auf Schalen verteilen, den Chicorée-Tempeh-Mix daraufsetzen und alles mit grünen Frühlingszwiebeln und Sesam bestreuen.

MEIN GESUNDHEITSTIPP

Tempeh besteht wie Tofu aus Sojabohnen, allerdings werden dafür die Bohnen nicht zerkleinert, sondern im Ganzen mithilfe von Edelschimmel fermentiert. Daher enthält er viele Milchsäurebakterien, die als Probiotika günstige Bakterien im Darm fördern. Dazu kommen Ballast- und Bitterstoffe aus dem Chicorée – mehr gutes Futter für die Mikroorganismen der Darmflora geht kaum.

„Himmel und Erde“ vegetarisch

VEGGIE PREP

Für 2 Personen
Zubereitung: 30 Minuten

- 600 g mehligkochende Kartoffeln
- Salz
- 1 säuerlicher Apfel
- 1 Zwiebel
- 2 EL Rapsöl
- 3 EL Butter
- 200 g Rote Bete (vorgegart und ggf. vakuumiert)
- 1 EL Dinkelmehl (Type 630)
- 1 Msp. frisch geriebene Muskatnuss
- 1 Handvoll Petersilienblätter

Nährwerte pro Portion:
ca. 490 kcal,
8 g EW, 23 g F, 59 g KH

1 Die Kartoffeln schälen und in etwa 2 cm große Würfel schneiden. In einem Topf mit gesalzenem Wasser etwa 25 Minuten weich garen.

2 Währenddessen den Apfel schälen, vierteln und entkernen, die Viertel in kleine Würfel schneiden. Die Zwiebel schälen und in grobe Ringe schneiden. In einer Pfanne 1 EL Öl und 1 TL Butter erhitzen, die Apfelwürfel und die Zwiebelringe darin etwa 3 Minuten kross anbraten, beiseitestellen und warm halten.

3 Die Rote Bete in etwa 2 cm dicke Scheiben schneiden (Achtung, sie färbt stark ab!) und im Dinkelmehl wenden. Ebenfalls in der Pfanne im übrigen Öl und 1 TL Butter auf jeder Seite etwa 4 Minuten kross anbraten, warm halten.

4 Die Kartoffeln abgießen und kurz ausdampfen lassen. Die restliche Butter dazugeben und alles mit dem Kartoffelstampfer zu einem lockeren Stampf verarbeiten. Mit Salz und Muskatnuss abschmecken.

5 Zum Servieren die Petersilie waschen, trocken tupfen und grob hacken. Den Kartoffelstampf auf Teller verteilen und Rote Bete, Apfelwürfel und Zwiebelringe darauf anrichten. Zuletzt mit Petersilie garnieren.

Burrata-Salat mit Grillgemüse

VEGGIE PREP

Für 2 Personen
Zubereitung: 30 Minuten
Garen: 25 Minuten

- 200 g Fenchel
- 4 Frühlingszwiebeln
- 200 g Zucchini
- 4 Cocktailtomaten
- 1 Maiskolben (vorgegart)
- 3 EL Olivenöl
- 150 g Chicorée
- 1 EL Ahornsirup
- 2 EL Aceto balsamico
- 1 EL Zitronensaft
- 1 TL abgeriebene Bio-Zitronenschale
- Salz, Pfeffer
- 1 Msp. Chilipulver
- 1 Burrata (ca. 100 g; ersatzweise Mozzarella)
- ggf. kleine Holzspieße zum Servieren

Nährwerte pro Portion:
ca. 460 kcal,
16 g EW, 28 g F, 33 g KH

1 Den Backofen auf 200 °C Umluft vorheizen. Ein Backblech mit Backpapier belegen.

2 Den Fenchel putzen, waschen und in grobe Scheiben schneiden. Die Frühlingszwiebeln putzen, waschen und schräg in grobe Stücke schneiden. Die Zucchini putzen, waschen und in grobe Stifte schneiden. Die Tomaten waschen und am Stielansatz kreuzweise einritzen. Den Maiskolben in etwa 1 cm dicke Scheiben schneiden.

3 Das Gemüse nebeneinander auf dem Blech verteilen, mit dem Öl beträufeln und im Ofen auf der mittleren Schiene etwa 25 Minuten garen. Währenddessen den Chicorée waschen, den Strunk entfernen und die Blätter in grobe Streifen schneiden.

4 Für das Dressing Ahornsirup, Essig sowie Zitronensaft und -schale mit Salz, Pfeffer und Chilipulver in einer kleinen Schüssel mischen. Das Gemüse aus dem Ofen nehmen und kurz abkühlen lassen. Dann mit dem Dressing und dem Chicorée in einer großen Schüssel locker mischen.

5 Zum Servieren den Salat auf Tellern anrichten. Dabei die Maiskolbenscheiben ggf. auf die Holzspieße stecken. Die Burrata halbieren und je eine Hälfte auf jeden Teller setzen. Dazu passt pro Person 1 Scheibe Vollkornbrot oder -toast.

Kokos-Limetten-Kartoffelgratin

VEGGIE PREP

Für 2 Personen
Zubereitung: 30 Minuten
Garen: 1 Stunde

- 2 Schalotten
- 2 Knoblauchzehen
- 500 g (vorwiegend) festkochende Kartoffeln
- 4 EL Olivenöl
- 1 ½ Limetten
- 30 ml Kokosmilch
- Salz, Pfeffer
- 1 TL körnige Gemüsebrühe
- 100 ml heißes Wasser
- 40 g geriebener Edamer (40 % Fett i. Tr.)
- ½ Salatgurke
- 200 g Radieschen
- 4 Frühlingszwiebeln
- ½ Bund Petersilie- oder Koriandergrün
- Kerne von 1 kleinen Granatapfel (siehe Seite 114)
- 1 Dose Kichererbsen (240 g Abtropfgewicht)
- 2 EL Kokosraspel
- ½ TL Chat masala (ind. Gewürzmischung, ersatzweise Garam masala oder Currypulver)

Nährwerte pro Portion:
ca. 765 kcal,
22 g EW, 39 g F, 72 g KH

1 Den Backofen auf 200 °C Umluft vorheizen. Schalotten schälen und in dünne Scheiben schneiden. Knoblauch schälen und fein würfeln. Kartoffeln waschen, schälen und in etwa 3 mm dicke Scheiben hobeln oder schneiden.

2 Schalotten und Knoblauch in einer Pfanne in 2 EL Öl 7 bis 9 Minuten goldbraun anbraten. Herausnehmen und in eine große Schüssel füllen. 1 Limette halbieren und auspressen, den Saft mit Kartoffeln, Kokosmilch, 1 TL Salz und reichlich Pfeffer zum Schalotten-Mix geben und vorsichtig untermengen. Die Brühe im heißen Wasser auflösen.

3 Den Kartoffel-Mix in einer Auflaufform (ca. 15 x 25 cm) verteilen und mit Brühe übergießen. Mit Alufolie abdecken und das Gratin im Ofen auf der mittleren Schiene etwa 30 Minuten backen. Dann die Folie entfernen und alles noch etwa 20 Minuten backen. Danach das Gratin mit dem Käse bestreuen und noch 8–10 Minuten weiterbacken.

4 Währenddessen die Gurke putzen, waschen und würfeln. Radieschen putzen, waschen und vierteln. Frühlingszwiebeln putzen, waschen und in dünne Ringe schneiden. Petersilie waschen, trocken tupfen und grob hacken. Alles in eine Salatschüssel geben. Die Granatapfelkerne wie auf Seite 114 beschrieben auslösen und untermischen.

5 Die Kichererbsen in einem Sieb gründlich abbrausen und abtropfen lassen. Dann in einer kleinen Pfanne im übrigen Öl bei mittlerer Hitze etwa 5 Minuten rundum rösten. Die restliche Limettenhälfte auspressen und den Saft zu den Kichererbsen geben. Die Hitze reduzieren und die Kokosraspel unterrühren.

6 Zum Servieren das Gratin aus dem Ofen nehmen und mit dem Salat auf Teller verteilen. Mit den Kichererbsen und dem Chat masala bestreuen.

Gnocchi mit Ricotta und Spinat

VEGGIE PREP

Für 2 Personen
Zubereitung: 25 Minuten

- 80 g junger Spinat
- 1 Handvoll Basilikumblätter
- 1 Schalotte
- 1 Knoblauchzehe
- 20 g Parmesan (am Stück)
- 20 g Walnusskerne
- 1 EL Olivenöl
- 1 TL Butter
- 400 g Kartoffelgnocchi (aus dem Kühlregal)
- 100 g Ricotta
- Salz, Pfeffer
- 1 Msp. frisch geriebene Muskatnuss
- 1 TL abgeriebene Bio-Zitronenschale

Nährwerte pro Portion:
ca. 595 kcal,
17 g EW, 26 g F, 73 g KH

1 Spinat und Basilikum separat verlesen, waschen und trocken tupfen. Die Basilikumblätter grob hacken. Die Schalotte schälen und in feine Ringe schneiden. Den Knoblauch schälen und in feine Würfel schneiden. Den Parmesan grob raspeln oder in Späne hobeln. Die Walnüsse grob hacken.

2 Zwiebel und Knoblauch in einer Pfanne in 1 TL Öl etwa 3 Minuten andünsten, herausnehmen und beiseitestellen. Die Butter und das übrige Öl in der Pfanne erhitzen und die Gnocchi darin etwa 3 Minuten rundum kross anbraten. Anschließend den Spinat dazugeben und bei mittlerer Hitze etwa 5 Minuten mit andünsten.

3 Den Ricotta hinzufügen und etwa 3 Minuten mitgaren, dann alles gut mischen und mit Salz, Pfeffer, Muskatnuss und Zitronenschale abschmecken. Zum Servieren die Gnocchi-Pfanne auf Tellern anrichten und mit Parmesan, Basilikum und Walnüssen garnieren.

Linsenpasta mit Romanesco und Kapern

VEGGIE PREP

Für 2 Personen
Zubereitung: 30 Minuten

- 1 Romanesco (ca. 400 g)
- heißes Wasser zum Übergießen
- 1 Zwiebel
- 1 Knoblauchzehe
- 1 Bio-Zitrone
- 2 EL Olivenöl
- 140 g Linsenpasta
- Salz
- 75 g Rucola
- 2 EL helles Mandelmus
- 100 g Sojacuisine
- 1 TL mittelscharfer Senf
- 1 EL tiefgekühlte ital. Kräuter
- Pfeffer
- 2 TL Kapern
- 40 g Parmesanspäne

Nährwerte pro Portion:
ca. 715 kcal,
33 g EW, 39 g F, 52 g KH

1 Romanesco putzen, waschen und in Röschen teilen, den Strunk würfeln. Alles in einer Schüssel mit kochend heißem Wasser übergießen und abgedeckt etwa 5 Minuten stehen lassen. Dann in ein Sieb abgießen und abtropfen lassen.

2 Zwiebel und Knoblauch schälen und fein würfeln. Zitrone heiß waschen, abtrocknen, die Schale fein abreiben, dann die Zitrone halbieren und auspressen. Zwiebel, Knoblauch und Zitronenschale in einer Pfanne im Öl etwa 5 Minuten anbraten, Romanesco dazugeben und alles mit geschlossenem Deckel bei schwacher Hitze etwa 15 Minuten garen.

3 Die Nudeln in kochendem Salzwasser nach Packungsanweisung bissfest garen (Achtung, sie werden schnell weich!). Rucola verlesen, waschen und trocken tupfen. Zitronensaft, Mandelmus, Sojacuisine, Senf und Kräuter mischen, falls nötig, etwas Wasser untermischen, salzen und pfeffern. Zum Servieren Nudeln, Sauce, Kapern und Romanesco auf Tellern anrichten und mit Rucola und Parmesan garnieren.

Polenta mit Tomaten-Lauch-Sauce

VEGGIE PREP

Für 2 Personen
Zubereitung: 30 Minuten

- 100 g Maisgrieß (Polenta)
- 1 geh. TL körnige Gemüsebrühe
- 1 TL getrockneter Rosmarin
- 1 Stange Lauch
- 1 Knoblauchzehe
- 200 g fermentierter Tofu (z. B. Feto, ersatzweise Naturtofu)
- 2 EL Olivenöl
- 1 TL Balsamicocreme
- 200 ml passierte Tomaten
- 1 EL Tomatenmark
- Salz, Pfeffer
- 40 g Parmesan (am Stück)

Nährwerte pro Portion:
ca. 530 kcal,
29 g EW, 25 g F, 45 g KH

1 In einem Topf 400 ml Wasser zum Kochen bringen, dann Polenta, Brühe und Rosmarin mit einem Schneebesen unterrühren und alles offen bei schwacher Hitze unter Rühren etwa 15 Minuten köcheln lassen. Danach auf Schalen oder tiefe Teller verteilen und fest werden lassen.

2 Währenddessen den Lauch putzen, gründlich waschen und in dünne Scheiben schneiden. Den Knoblauch schälen und fein würfeln. Den Tofu mit den Händen zerbröseln.

3 Das Öl in einer Pfanne erhitzen und Lauch, Knoblauch und Tofu darin bei mittlerer Hitze etwa 10 Minuten anbraten. Erst die Balsamicocreme hinzufügen, dann die passierten Tomaten und das Tomatenmark dazugeben und alles zu einer cremigen Sauce verrühren, mit Salz und Pfeffer würzen.

4 Zum Servieren den Parmesan in grobe Späne hobeln. Die Tomaten-Lauch-Sauce auf der Polenta verteilen und mit dem Parmesan bestreuen.

MEIN GESUNDHEITSTIPP

Die Tomaten-Lauch-Sauce eignet sich ideal als pflanzenbasierter Bolognese-Ersatz! Der Lauch darin gehört zur großen Familie der Zwiebelgewächse: Weil er bei uns auch im Winter Saison hat, bildet Lauch ganzjährig eine gute Quelle für wertvolle Nährstoffe – etwa Vitamin C, Kalium und Eisen. Zusätzlich fördern die ätherischen Öle der hellgrünen Stangen die Verdauung.

Gebackene Auberginen mit Granatapfel

VEGGIE PREP

Für 2 Personen
Zubereitung: 10 Minuten
Garen: 30 Minuten

- 2 kleine Auberginen (à ca. 250 g)
- 3 EL Olivenöl
- grobes Meersalz
- 240 g Kichererbsen (aus Glas oder Dose)
- 1 TL gemahlener Kreuzkümmel
- 1 TL gemahlener Koriander
- 1 TL edelsüßes Paprikapulver
- 1 TL Agavendicksaft
- Pfeffer
- ½ Granatapfel
- 6 Stiele Koriandergrün
- 2 Stiele Minze
- 200 g Naturjoghurt (3,5 % Fett, am besten stichfest)

Nährwerte pro Portion:
ca. 440 kcal,
16 g EW, 22 g F, 39 g KH

1 Den Backofen auf 160 °C Umluft oder 180 °C Ober-/Unterhitze vorheizen. Die Auberginen putzen und waschen, dabei den Strunk entfernen. Die Auberginen längs halbieren und das Fruchtfleisch kreuzweise einritzen (ohne die Schale zu beschädigen). Die Hälften mit der Schnittfläche nach oben nebeneinander auf ein Backblech legen, mit 2 EL Öl bestreichen und mit etwas Meersalz bestreuen.

2 Kichererbsen in einem Sieb gründlich abbrausen und kurz abtropfen lassen. Dann in einer Schüssel mit dem restlichen Öl, Kreuzkümmel, Koriander, Paprikapulver, Agavendicksaft, Meersalz und Pfeffer gründlich mischen und neben den Auberginen auf dem Blech verteilen. Auberginen und Kichererbsen im Ofen auf der mittleren Schiene 30 Minuten garen.

3 Währenddessen den Granatapfel in einer Schale mit Wasser vorsichtig in mehrere Segmente brechen und die Kerne herauslösen, dann in ein Sieb abgießen und abtropfen lassen. Koriander und Minze waschen, trocken tupfen und ein wenig zum Garnieren beiseitelegen. Den Rest fein hacken und mit dem Joghurt mischen, salzen und pfeffern.

4 Zum Servieren Auberginen und Kichererbsen aus dem Ofen nehmen und auf Teller verteilen. Alles mit Joghurt-Mix, Granatapfelkernen und beiseitegelegten Kräutern garnieren.

MEIN GESUNDHEITSTIPP

Kichererbsen sind – wie alle Hülsenfrüchte – eine gute Quelle für wertvolles pflanzliches Eiweiß. Weil sie außerdem reichlich Ballaststoffe enthalten, sättigen sie lang anhaltend. Genauso profitiert unser Mikrobiom: Denn Kichererbsen enthalten auch noch resistente Stärke, die – hier in Kombination mit Milchsäurebakterien aus dem Joghurt – die Darmflora positiv beeinflusst.

Grünkohllasagne mit Kürbissauce

VEGGIE PREP

Für 2 Personen
Zubereitung: 45 Minuten
Garen: 30 Minuten

- 50 g feines Sojagranulat
- 200 ml heißes Wasser
- 250 g Hokkaido-Kürbis
- 1 Zwiebel
- 2 Knoblauchzehen
- 3 Zweige Thymian
- 200 g Grünkohl (ohne Stiele gewogen)
- 2 EL Olivenöl
- 2 EL Aceto balsamico
- Salz, Pfeffer
- 100 g Sojacuisine
- 5 Vollkornlasagneplatten (insgesamt ca. 90 g)
- 60 g Parmesan (am Stück)

Nährwerte pro Portion:
ca. 790 kcal,
36 g EW, 48 g F, 45 g KH

1 Das Sojagranulat in einer Schüssel mit dem kochend heißen Wasser übergießen und beiseitestellen. Den Kürbis waschen, entkernen und grob würfeln. In einem Topf mit etwa 100 ml Wasser aufkochen und mit geschlossenem Deckel bei schwacher Hitze etwa 15 Minuten garen.

2 Inzwischen Zwiebel und Knoblauch schälen und fein würfeln. Thymian waschen, trocken tupfen und die Blätter abzupfen. Grünkohl putzen, waschen und in einem Sieb abtropfen lassen. Die Stiele entfernen und die Blätter kleiner zupfen.

3 Das Sojagranulat in ein Sieb abgießen und abtropfen lassen. Zwiebel, Knoblauch und Thymian in einer Pfanne im Öl etwa 5 Minuten anbraten. Das Sojagranulat dazugeben und 5 Minuten mitbraten. Essig, Grünkohl und etwa 100 ml Wasser hinzufügen. Alles mit geschlossenem Deckel etwa 10 Minuten garen. Danach mit Salz und Pfeffer würzen.

4 Den Backofen auf 160 °C Umluft oder 180 °C Ober-/Unterhitze vorheizen. Den Kürbis mit Sojacuisine, Salz und Pfeffer mischen und im Topf mit dem Stabmixer fein pürieren.

5 In einer Auflaufform (ca. 16 x 20 cm) die Hälfte des Grünkohls verteilen, danach etwa ein Drittel der Kürbissauce daraufgeben. 2 ½ Lasagneblätter (vorsichtig durchbrechen!) auf die Sauce legen und den restlichen Grünkohl darauf verteilen. Dann ein weiteres Drittel Kürbissauce daraufgeben und die übrigen Lasagneplatten einschichten. Zuletzt die restliche Sauce auf den Platten verteilen.

6 Den Parmesan reiben, die Lasagne damit bestreuen und im Ofen auf der mittleren Schiene etwa 30 Minuten backen. Herausnehmen und vor dem Servieren kurz abkühlen lassen.

Mediterrane One-Pot-Pasta

VEGGIE PREP

Für 2 Personen
Zubereitung: 25 Minuten

- 1 rote Zwiebel
- 2 Knoblauchzehen
- 2 Zweige Rosmarin
- 300 g Cocktailtomaten
- 6 getrocknete Tomaten
- 2 EL Olivenöl
- 3 EL Tomatenmark
- 1 EL Weißweinessig
- 100 g Vollkornspaghetti
- ½ l heißes Wasser
- Salz
- 200 g Feta (Schafskäse)
- 10 Oliven (in Lake, ohne Stein)
- 2 TL getrockneter Oregano
- 30 g Rucola
- Pfeffer

Nährwerte pro Portion:
ca. 645 kcal,
26 g EW, 39 g F, 42 g KH

1 Zwiebel und Knoblauch schälen und fein würfeln. Den Rosmarin waschen, trocken tupfen, die Nadeln abzupfen und fein hacken. Cocktailtomaten waschen und halbieren, getrocknete Tomaten in Streifen schneiden.

2 Das Öl in einem großen Topf erhitzen und Zwiebel, Knoblauch und Rosmarin darin bei mittlerer Hitze etwa 3 Minuten andünsten. Cocktailtomaten und getrocknete Tomaten mit Tomatenmark und Essig hinzufügen, alles gründlich mischen und bei schwacher Hitze noch etwa 3 Minuten garen.

3 Dann die Spaghetti, das kochend heiße Wasser und etwas Salz zur Sauce geben und alles mit geschlossenem Deckel noch etwa 10 Minuten garen.

4 Inzwischen den Feta zerbröseln, die Oliven halbieren. Beides mit dem Oregano zur Pasta geben und vorsichtig unterrühren, dann die Pasta mit geschlossenem Deckel noch etwa 3 Minuten garen.

5 Zum Servieren den Rucola verlesen, waschen und trocken tupfen. Die Pasta mit Salz und Pfeffer abschmecken, auf tiefe Teller verteilen und mit dem Rucola garnieren.

MEIN GESUNDHEITSTIPP

Tomaten enthalten Lykopin – einen natürlichen Farbstoff, der antioxidativ wirkt und das Immunsystem unterstützt. In Tomatenmark und Dosentomaten steckt besonders viel von dem sekundären Pflanzenstoff: Daher sind beide Varianten außerhalb der Tomatensaison eine hervorragende Wahl. Zumal unser Körper Lykopin aus gegarten Lebensmitteln besser verwerten kann.

DARM-BOOSTER

Hier kommen die Top 3 für ein gesundes Mikrobiom, das für ein funktionierendes Immunsystem unerlässlich ist. Sie eignen sich als Snack oder gesunde Ergänzung zu anderen Gerichten.

Darmbooster-Shot

Für 2 Personen: 3 g Ingwer schälen und möglichst fein hacken. 50 g Seidentofu grob zerkleinern (ersatzweise stichfesten Naturjoghurt 3,5 % Fett verwenden). Beides mit 100 ml Sauerkrautsaft in den Mixer geben und alles fein pürieren. Anschließend mit je 1 Msp. gemahlener Kurkuma und Currypulver sowie mit Salz abschmecken und in kleine Schnapsgläser füllen.

Zubereitung: 5 Minuten
Nährwerte pro Portion:
ca. 20 kcal, 2 g EW, 1 g F, 1 g KH

VEGAN FIX PREP

Chicorée-Schiffchen mit Avocado

Für 2 Personen: 1 kleine Avocado halbieren, entkernen und schälen. Das Fruchtfleisch klein würfeln. ½ Orange schälen, in die einzelnen Segmente teilen und diese in Stücke schneiden. ½ Bund Petersilie waschen, trocken tupfen, die Blätter abzupfen und fein hacken. Avocado, Orange und Petersilie mit 1 EL Olivenöl und ½ TL Agavendicksaft in einer Schüssel mischen, mit Salz und Pfeffer abschmecken. 8 große Chicoréeblätter waschen und trocken tupfen, mit dem Avocado-Orangen-Salat füllen.

Zubereitung: 15 Minuten
Nährwerte pro Portion:
ca. 185 kcal, 2 g EW, 15 g F, 9 g KH

VEGAN FIX PREP

Tomaten-Basilikum-Drink

Für 2 Personen: 1 Handvoll Basilikumblätter waschen und trocken tupfen. Mit 400 ml passierten Tomaten, 2 EL Limettensaft, 50 g Naturjoghurt (3,5 % Fett), 4 Eiswürfeln sowie ½ TL flüssigem Honig in den Mixer geben und alles fein pürieren. Mit Salz abschmecken. Den Drink auf Gläser verteilen und mit Pfeffer bestreuen. Bei Untergewicht gern etwa 50 g griech. Joghurt (10 % Fett) verwenden – er liefert mehr Kalorien.

Zubereitung: 15 Minuten
Nährwerte pro Portion:
ca. 90 kcal, 4 g EW, 2 g F, 12 g KH

VEGGIE FIX PREP

MEIN GESUNDHEITSTIPP

Eine intakte Darmflora ist nicht nur für Long-Covid- und CFS-Betroffene wichtig, sondern für jeden Menschen – denn sie stärkt die gesamte Immunabwehr. Studien zeigen, dass entscheidend für ein vielfältiges Mikrobiom eine pflanzenbasierte und dadurch ballaststoffreiche Ernährung ist. Top: Chicorée mit dem Ballaststoff Inulin, Joghurt mit Milchsäurebakterien und Fermentiertes wie Sauerkraut. Mehr zu Letzterem lesen Sie ab Seite 146.

Zanderfilet mit Pinienkernkruste

PREP

Für 2 Personen
Zubereitung: 30 Minuten
Grillen: 5 Minuten

- 500 g Kohlrabi
- Salz
- 2 Handvoll Basilikumblätter
- 1 Handvoll Petersilienblätter
- 30 g Pinienkerne
- 1 EL weiche Butter
- 1 TL mittelscharfer Senf
- 30 g Vollkornpaniermehl
- 1 EL Limettensaft
- Pfeffer
- 2 Zanderfilets (à ca. 150 g)
- 2 EL Olivenöl
- 100 g Kochsahne
- 1 Msp. frisch geriebene Muskatnuss

Nährwerte pro Portion:
ca. 510 kcal,
39 g EW, 31 g F, 17 g KH

1 Die Kohlrabi putzen, schälen und in etwa 1 cm dicke Stifte schneiden. In einem Topf in Salzwasser bei mittlerer Hitze etwa 15 Minuten garen. Inzwischen den Backofengrill auf 210 °C vorheizen. Ein Backblech mit Backpapier auslegen.

2 Basilikum und Petersilie waschen, trocken tupfen und separat fein hacken. Basilikum, Pinienkerne, Butter, Senf, Paniermehl und Limettensaft in einen hohen Rührbecher geben, alles mit dem Stabmixer fein pürieren, salzen und pfeffern.

3 Die Zanderfilets waschen und trocken tupfen. 1 EL Öl in einer Pfanne erhitzen und die Zanderfilets darin auf der Hautseite etwa 5 Minuten anbraten, danach wenden und auf der anderen Seite etwa 2 Minuten anbraten.

4 Anschließend die Fischfilets nebeneinander auf das Blech legen und die Pinienkernpaste gleichmäßig darauf verteilen. Die Filets unter dem Backofengrill auf der obersten Schiene 3 bis 5 Minuten knusprig bräunen. Danach sofort servieren.

5 Währenddessen die Kohlrabistifte abgießen und in einer Pfanne im restlichen Öl 3 bis 4 Minuten anbraten. Mit der Kochsahne ablöschen und mit Salz, Pfeffer und Muskatnuss abschmecken. Zanderfilets und Kohlrabistifte auf Tellern anrichten und nach Belieben mit Kräutern garnieren.

MEIN GESUNDHEITSTIPP

Zander ist – wie andere Fische auch – ein hochwertiger Eiweißlieferant. Er punktet zudem mit einer kleinen Portion Omega-3-Fettsäuren, auch wenn er in dieser Hinsicht nicht mit fetten Meeresfischen wie Lachs, Makrele oder Hering mithalten kann. Kombinieren Sie Zander deshalb stets mit Omega-3-reichen pflanzlichen Lebensmitteln, wie hier den Pinienkernen.

Schlemmerfilet mit Zucchini und Stampf

PREP

Für 2 Personen
Zubereitung: 20 Minuten
Garen: 20 Minuten

- 300 g mehligkochende Kartoffeln
- 200 g Topinambur (ersatzweise Blumenkohl oder Möhren)
- Salz
- 1 Schalotte
- einige Stiele Dill (ersatzweise 1 EL tiefgekühlter Dill)
- 1 EL Rapsöl
- 2 EL gemahlene Mandeln
- 2 EL zarte Haferflocken
- 1 EL mittelscharfer Senf
- Pfeffer
- 250 g Kabeljaufilets (frisch oder tiefgekühlt, ersatzweise Seelachsfilets)
- 1 Zucchini (ca. 300 g)
- 1 EL Olivenöl
- 2 TL getrocknete Kräuter der Provence
- 50 ml ungesüßter Haferdrink (ersatzweise Vollmilch)
- ¼ TL frisch geriebene Muskatnuss

Nährwerte pro Portion:
ca. 475 kcal,
34 g EW, 18 g F, 35 g KH

1 Kartoffeln und Topinambur schälen, etwa 1 ½ cm groß würfeln und in einem Topf in Salzwasser etwa 15 Minuten bissfest garen. Inzwischen den Backofen auf 180 °C Umluft vorheizen. Ein Backblech mit Backpapier belegen.

2 Für die Panade die Schalotte schälen und fein würfeln. Dill waschen, trocken tupfen, Spitzen abzupfen und fein hacken. Beides in einer kleinen Schüssel mit Rapsöl, Mandeln, Haferflocken und Senf gut mischen, mit Salz und Pfeffer würzen.

3 Die Fischfilets waschen und trocken tupfen (Tiefkühlware rechtzeitig auftauen lassen!). Nebeneinander in eine kleine Auflaufform (ca. 15 x 25 cm) legen und gleichmäßig mit der Panade bestreichen. Den Fisch im Ofen auf der mittleren Schiene etwa 10 Minuten garen.

4 Währenddessen Zucchini putzen, waschen und in etwa 1 cm dicke Scheiben schneiden. Mit Olivenöl beträufeln und mit Kräutern der Provence, etwas Salz und Pfeffer würzen.

5 Nach 10 Minuten Garzeit des Fisches die Zucchinischeiben auf das Blech legen und über den Fisch in den Ofen schieben. Die Grillfunktion einschalten und alles noch etwa 10 Minuten garen.

6 Zum Servieren Kartoffeln und Topinambur abgießen und kurz ausdampfen lassen, den Haferdrink hinzufügen und alles mit dem Kartoffelstampfer cremig stampfen. Mit Salz, Pfeffer und Muskatnuss abschmecken. Das Schlemmerfilet und die gegrillten Zucchini aus dem Ofen nehmen und mit dem Kartoffel-Topinambur-Stampf auf Tellern anrichten.

Gemüsetagliatelle mit Seelachs

PREP *TAKE AWAY*

Für 2 Personen
Zubereitung: 15 Minuten
Garen: 14 Minuten

- 1 Zwiebel
- 200 g Möhren
- 300 g Zucchini
- 300 g Seelachsfilets (frisch oder tiefgekühlt und aufgetaut)
- 10 g Ingwer
- 100 g Vollkorndinkelbandnudeln
- Salz
- 1 Bio-Zitrone
- 2 EL geröstetes Sesamöl (ersatzweise Rapsöl)
- Pfeffer
- 1 TL Currypulver
- ½ TL Chiliflocken
- 100 g Hafersahne
- 1 EL gehackte Petersilie (frisch oder tiefgekühlt)

Nährwerte pro Portion:
ca. 535 kcal,
40 g EW, 19 g F, 44 g KH

1 Die Zwiebel schälen, halbieren und in Streifen schneiden. Möhren und Zucchini putzen, schälen und nacheinander mit dem Sparschäler in bandnudelähnliche Streifen schneiden. Den Fisch waschen, trocken tupfen und in etwa 1 ½ cm breite Streifen schneiden. Ingwer schälen und fein würfeln.

2 Die Nudeln in kochendem Salzwasser nach Packungsanweisung bissfest garen, in ein Sieb abgießen und abtropfen lassen.

3 Inzwischen die Zitrone heiß waschen, abtrocknen und halbieren, eine Zitronenhälfte in Scheiben schneiden, die andere Hälfte auspressen. Den Fisch in einer großen Pfanne in 1 EL Öl bei mittlerer Hitze unter Wenden etwa 3 Minuten anbraten, dabei leicht salzen und pfeffern. Herausnehmen, mit dem Zitronensaft beträufeln und beiseitestellen.

4 Die Zwiebel in der Pfanne im übrigen Öl anbraten, die Möhren hinzufügen und etwa 3 Minuten braten. Ingwer und Zucchini unterheben. Alles mit Curry, Chiliflocken, Salz und Pfeffer würzen. Hafersahne und 100 ml Wasser dazugießen und das Gemüse mit geschlossenem Deckel noch etwa 4 Minuten köcheln lassen.

5 Zuletzt die Nudeln unterheben und den Fisch daraufsetzen. Alles mit geschlossenem Deckel bei schwacher Hitze noch etwa 4 Minuten durchziehen lassen. Zum Servieren die Gemüsetagliatelle mit dem Seelachs auf Tellern anrichten, mit der Petersilie bestreuen und mit der Zitrone garnieren.

Auberginenschiffchen mit Bulgur-Hack-Mix

PREP

Für 2 Personen
Zubereitung: 40 Minuten
Garen: 35 Minuten

- 600 g Auberginen
- 3 EL Olivenöl
- 40 g feiner Bulgur
- 80 ml heißes Wasser
- Salz
- 1 Knoblauchzehe
- 20 g grüne Oliven (in Lake, ohne Stein)
- 2 Frühlingszwiebeln
- 150 g Rinderhackfleisch
- Pfeffer
- 1 Handvoll Minzeblätter
- 80 g griech. Joghurt (10 % Fett)
- 2 EL Zitronensaft
- 1 Msp. gemahlener Kreuzkümmel

Nährwerte pro Portion:
ca. 490 kcal,
22 g EW, 32 g F, 25 g KH

1 Den Backofen auf 200 °C Umluft vorheizen. Die Auberginen waschen, längs halbieren und das Fruchtfleisch vorsichtig (nicht die Schale!) rautenförmig einschneiden. Die Hälften mit der Schnittfläche nach oben nebeneinander auf ein Backblech legen, mit 2 EL Öl beträufeln und im Ofen auf der mittleren Schiene etwa 35 Minuten garen.

2 Inzwischen den Bulgur in einer großen Schüssel mit dem kochend heißen Wasser übergießen, mit 1 Prise Salz würzen und etwa 10 Minuten quellen lassen. Knoblauch schälen und fein würfeln. Oliven in dünne Ringe schneiden. Frühlingszwiebeln putzen, waschen und in dünne Ringe schneiden.

3 Hackfleisch in einer Pfanne im übrigen Öl unter Rühren etwa 4 Minuten krümelig anbraten. Knoblauch, Oliven und Frühlingszwiebeln hinzufügen und alles noch etwa 2 Minuten garen. Die Hackmasse zum Bulgur in die Schüssel geben, alles gut mischen und mit Salz und Pfeffer würzen.

4 Für den Dip die Minze waschen, trocken tupfen und grob hacken. Joghurt, Zitronensaft und Minze in einer kleinen Schüssel verrühren und mit Kreuzkümmel, Salz und Pfeffer abschmecken. Zum Servieren die Auberginen aus dem Ofen nehmen und auf Teller setzen. Die Bulgur-Hackfleisch-Masse darauf anrichten und den Joghurt-Minz-Dip dazu reichen.

MEIN GESUNDHEITSTIPP

Wer sich antientzündlich ernährt, sollte den Fleischkonsum einschränken. Kaufen Sie möglichst nur Produkte aus ökologischer Tierzucht und genießen Sie kleine Mengen. Die Füllung in diesem Rezept lässt sich auch vegetarisch mit Feta oder vegan mit Tofu zubereiten. Ersetzen Sie zunächst nur einen Teil des Hackfleischs damit – so essen Sie Schritt für Schritt weniger Fleisch.

Hackbällchen mit Paprika und Kartoffeln

PREP

Für 2 Personen
Zubereitung: 25 Minuten

- 400 g (vorwiegend) festkochende Kartoffeln
- Salz
- 2 Schalotten
- 150 g Champignons
- 1 rote Paprikaschote
- 250 g Rinderhackfleisch
- 2 EL zarte Haferflocken
- 1 EL ungesüßter Haferdrink
- ½ TL rosenscharfes Paprikapulver
- Pfeffer
- 2 EL Rapsöl
- 150 g Hafersahne
- einige Stiele Petersilie
- 1 TL Sesamöl

Nährwerte pro Portion:
ca. 640 kcal,
34 g EW, 37 g F, 40 g KH

1 Die Kartoffeln schälen, vierteln und in einem Topf in Salzwasser etwa 15 Minuten bissfest garen. Inzwischen die Schalotten schälen, die eine fein würfeln, die andere grob hacken. Die Pilze putzen, falls nötig, trocken abreiben und je nach Größe halbieren oder vierteln. Die Paprika halbieren, entkernen, waschen und in kleine Würfel schneiden.

2 In einer Schüssel Rinderhackfleisch, feine Schalottenwürfel, Haferflocken, Haferdrink, Paprikapulver, Salz und Pfeffer gut verkneten. Aus der Masse mit angefeuchteten Händen 10 bis 12 Hackbällchen formen und in einer Pfanne in 1 EL Öl auf jeder Seite etwa 2 Minuten anbraten. Herausnehmen und beiseitestellen. Dann grobe Schalottenwürfel und Pilze in der Pfanne im übrigen Öl 2 bis 3 Minuten andünsten. Paprika und Hafersahne hinzufügen, salzen und pfeffern. Die Hackbällchen darauflegen und alles mit geschlossenem Deckel bei mittlerer Hitze noch 8 bis 10 Minuten garen.

3 Zum Servieren die Petersilie waschen, trocken tupfen, die Blätter abzupfen und fein hacken. Die Kartoffeln abgießen und kurz ausdampfen lassen, dann Sesamöl und Petersilie unterheben. Die Petersilienkartoffeln mit den Hackbällchen und dem Paprika-Pilz-Gemüse auf Tellern anrichten.

MEIN GESUNDHEITSTIPP

Wer infolge von Long Covid unter einem leichten Riech- und Geschmacksverlust leidet, freut sich über intensiv gewürzte Gerichte. Ideal sind etwa rosenscharfes Paprikapulver oder Chili, die beide den Stoffwechsel anregen. Weiterer Bonuseffekt der scharfen Roten: Sie enthalten Capsaicin, einen sekundären Pflanzenstoff, der schmerzlindernd wirkt und die Durchblutung fördert.

Saltimbocca mit Rucolasalat

FIX PREP

Für 2 Personen
Zubereitung: 15 Minuten

- 8–10 Salbeiblätter
- 2 dünne Kalbsschnitzel (à 80–100 g)
- 2 EL Mandelblättchen
- 70 g Rucola
- 1 Schalotte
- 1 ½ EL Rapsöl
- 30 g Parmesan (am Stück)
- 2 EL Olivenöl
- 1 EL Rotweinessig
- 1 EL Ahornsirup
- Salz, Pfeffer
- 1 TL Butter
- kleine Holzspieße

Nährwerte pro Portion:
ca. 420 kcal,
27 g EW, 30 g F, 9 g KH

1 Die Salbeiblätter waschen, trocken tupfen und 4 Blätter fein hacken. Die Kalbsschnitzel halbieren oder dritteln, jeweils mit 1 ganzen Salbeiblatt belegen und mit Holzspießen fixieren.

2 Die Mandeln in einer Pfanne ohne Fett anrösten, herausnehmen und abkühlen lassen. Den Rucola verlesen, waschen und trocken tupfen. Die Schalotte schälen und in feine Ringe schneiden. In einer Pfanne 1 TL Rapsöl erhitzen und die Schalotte darin etwa 2 Minuten andünsten. Herausnehmen und beiseitestellen. Den Parmesan in grobe Späne hobeln.

3 Für das Dressing Olivenöl, Essig und Ahornsirup gut verrühren und mit Salz, Pfeffer und dem gehackten Salbei würzen.

4 Restliches Rapsöl und Butter in der Pfanne erhitzen und die Saltimbocca darin auf jeder Seite etwa 2 Minuten scharf anbraten. Anschließend bei schwacher Hitze noch etwa 3 Minuten ziehen lassen.

5 Zum Servieren Rucola, Mandeln, Schalotte und Parmesan mit dem Dressing gut mischen und auf Tellern anrichten. Die Saltimbocca danebensetzen und mit dem Bratensaft aus der Pfanne beträufeln.

MEIN GESUNDHEITSTIPP

Seinen würzigen Geschmack verdankt Rucola jeder Menge ätherischer Senföle, sogenannten Glucosinolaten. Sie hemmen das Wachstum schädlicher Bakterien, Viren und Pilze und unterstützen auf diese Weise unser Immunsystem. Auch Salbei hilft heilen: Er enthält Gerbstoffe, Flavonoide und ätherische Öle, die entzündungshemmend und antibakteriell wirken.

Ofengemüse mit Zitronenhähnchen

PREP

Für 2 Personen
Zubereitung: 30 Minuten
Garen: 25 Minuten

- 1 Knoblauchzehe
- 1 Bio-Zitrone
- 2 Hähnchenbrustfilets (ca. 250 g)
- 1 EL Rapsöl
- ½ TL getrockneter Oregano
- 1 TL getrockneter Thymian
- Salz, Pfeffer
- 250 g (vorwiegend) festkochende Kartoffeln
- 200 g Möhren (ersatzweise Kürbis)
- 1 Zwiebel
- 200 g Brokkoli
- 2 EL Olivenöl
- 1 TL rosenscharfes Paprikapulver
- 150 g Naturjoghurt (3,5 % Fett)
- 1 EL Tomatenmark
- 1 EL gehackte Petersilie (frisch oder tiefgekühlt)

Nährwerte pro Portion:
ca. 460 kcal,
38 g EW, 19 g F, 29 g KH

1 Den Backofen auf 180 °C Umluft vorheizen. Ein Backblech mit Backpapier belegen. Den Knoblauch schälen und fein würfeln. Die Zitrone heiß waschen, abtrocknen und halbieren, eine Hälfte auspressen, die andere in Spalten schneiden. Das Fleisch waschen, trocken tupfen und in einer Schüssel mit Knoblauch, Zitronensaft, Rapsöl, Oregano, Thymian, Salz und Pfeffer mischen und rundum marinieren.

2 Die Kartoffeln gründlich mit einer Gemüsebürste waschen und samt Schale in etwa 1 cm dicke Spalten schneiden. Die Möhren schälen und in Stücke schneiden. Die Zwiebel schälen, halbieren und in Streifen schneiden. Den Brokkoli putzen, waschen und in Röschen teilen, die obere Hälfte des Strunks in kleine Stücke schneiden.

3 Kartoffeln, Möhren und Zwiebel auf dem Blech verteilen und mit Olivenöl, ½ TL Paprikapulver, Salz und Pfeffer mischen. Das Gemüse im Ofen auf der mittleren Schiene etwa 25 Minuten backen.

4 Inzwischen die Hähnchenfilets in einer heißen Pfanne auf jeder Seite etwa 2 Minuten anbraten. Nach 13 bis 15 Minuten Garzeit das Fleisch und den Brokkoli zum Ofengemüse auf das Blech legen und alles noch 10 bis 12 Minuten garen.

5 Währenddessen den Joghurt mit Tomatenmark, übrigem Paprikapulver und Petersilie in einer kleinen Schüssel mischen und den Dip mit Salz und Pfeffer abschmecken.

6 Zum Servieren Hähnchen und Gemüse aus dem Ofen nehmen und auf Tellern anrichten. Mit den Zitronenspalten garnieren, den Joghurt-Tomaten-Dip dazu reichen.

KALTE HAUPT-GERICHTE

Bunte Gemüsesorten, die mit eiweißreichen Partnern einen coolen Auftritt hinlegen: Das ist das Motto der folgenden Rezepte für Salate, Bowls und Ceviche – sättigende Gerichte mit Frische-Kick, die sich meist auch prima vorbereiten lassen.

KRÄFTIGENDE ENERGIE-BOOSTER AUS DER KALTEN KÜCHE

Polentaschnitten mit Feta und Pesto

VEGGIE PREP TAKE AWAY

Für 2 Personen
Zubereitung: 15 Minuten
Garen: 25 Minuten

- 100 g Instant-Polenta (Maisgrieß, 5-Minuten-Polenta)
- 1 TL gekörnte Gemüsebrühe
- 1 TL getrockneter Rosmarin
- 2 große rote Spitzpaprikaschoten
- 200 g Feta (Schafskäse)
- ½ Topf Basilikum
- 20 g Cashewkerne
- 20 g Kürbiskerne
- 4 EL Olivenöl
- Salz, Pfeffer
- 40 g Rucola

Nährwerte pro Portion:
ca. 800 kcal,
28 g EW, 55 g F, 45 g KH

1 Den Backofen auf 160 °C Umluft oder 180 °C Ober-/Unterhitze vorheizen. Eine Auflaufform (ca. 15 x 25 cm) mit Backpapier auslegen.

2 In einem Topf 300 ml Wasser zum Kochen bringen, dann Polenta, Brühe und Rosmarin mit einem Schneebesen einrühren und alles bei schwacher Hitze unter Rühren etwa 5 Minuten garen. Danach die Polenta sofort in der Auflaufform mit einem Teigschaber gleichmäßig verteilen.

3 Die Paprikaschoten halbieren, entkernen, waschen und klein würfeln. Den Feta zerbröseln, mit der Paprika in einer Schüssel mischen und auf der Polenta verteilen. Die Polenta im Ofen auf der mittleren Schiene etwa 25 Minuten garen.

4 Währenddessen für das Pesto das Basilikum waschen, trocken tupfen und die Blätter abzupfen. Cashewkerne und Kürbiskerne in einer beschichteten Pfanne ohne Fett leicht anrösten, herausnehmen und abkühlen lassen. Basilikum, Kerne, Öl, etwas Salz und Pfeffer in den Mixer geben und alles pürieren, falls nötig, noch etwas Wasser hinzufügen.

5 Zum Servieren den Rucola verlesen, waschen und trocken tupfen. Die Polenta aus dem Ofen nehmen, in 4 Stücke schneiden und jeweils 2 Stücke auf einem Teller anrichten. Mit dem Pesto und dem Rucola garnieren.

Bunte Bowl mit Quinoa und Spiegelei

VEGGIE FIX PREP

Für 2 Personen
Zubereitung: 20 Minuten

- 80 g Quinoa
- 1 Rote Bete (ca. 100 g)
- 1 rote Paprikaschote
- 50 g Feldsalat
- 1 Avocado
- 60 g Kichererbsen (aus Glas oder Dose)
- 1 EL Apfelessig
- 2 EL geröstetes Sesamöl
- 100 g Naturjoghurt (3,5 % Fett)
- 1 EL mittelscharfer Senf
- Salz, Pfeffer
- 2 EL helle Sesamsamen
- 2 Bio-Eier (Größe M)
- 1 TL Rapsöl
- 100 g körniger Frischkäse
- 1 EL gehackte Petersilie

Nährwerte pro Portion:
ca. 690 kcal,
27 g EW, 42 g F, 45 g KH

1 Die Quinoa nach Packungsanweisung bissfest garen. Rote Bete putzen, schälen und auf der Gemüsereibe grob raspeln (Achtung, sie färbt stark ab!). Paprika längs halbieren, entkernen, waschen und in Stücke schneiden. Feldsalat verlesen, waschen und trocken schütteln. Avocado halbieren, entkernen, Fruchtfleisch aus den Schalen lösen und würfeln. Die Kichererbsen in einem Sieb abbrausen und abtropfen lassen.

2 Für das Dressing in einer kleinen Schüssel Essig, Sesamöl, Joghurt und Senf verrühren und mit Salz und Pfeffer würzen. Den Sesam in einer Pfanne ohne Fett kurz anrösten, herausnehmen und abkühlen lassen. In derselben Pfanne die Eier im Rapsöl zu Spiegeleiern braten, salzen und pfeffern.

3 Zum Servieren die Quinoa auf Schalen (Bowls) verteilen und Gemüse, Kichererbsen und Frischkäse nebeneinander daraufsetzen. Das Dressing darübergießen, die Spiegeleier daraufsetzen und alles mit Sesam und Petersilie bestreuen.

Sauerkraut-Kürbis-Salat

VEGAN PREP TAKE AWAY

Für 2 Personen
Zubereitung: 40 Minuten

- 120 g grüne Linsen
- 1 TL körnige vegane Gemüsebrühe
- 2 Lorbeerblätter
- ½ Hokkaido-Kürbis (300–400 g)
- 4 EL Olivenöl
- 1 TL getrockneter Rosmarin
- 2 TL Balsamicocreme
- grobes Meersalz, Pfeffer
- 2 Romanasalatherzen
- 120 g Sauerkraut (am besten nicht pasteurisiert)
- 2 EL Orangensaft
- 1 TL mittelscharfer Senf
- 2 EL tiefgekühlter Dill (ersatzweise Petersilie)

Nährwerte pro Portion:
ca. 470 kcal,
19 g EW, 22 g F, 43 g KH

1 Die Linsen in einem Sieb gründlich abbrausen und in einem Topf in etwa 300 ml Wasser mit Brühe und Lorbeerblättern mit geschlossenem Deckel bei mittlerer Hitze etwa 30 Minuten bissfest garen. Danach abkühlen lassen.

2 Währenddessen den Kürbis waschen, entkernen und etwa 1 cm klein würfeln. In einer Pfanne in 2 EL Öl bei mittlerer Hitze etwa 5 Minuten anbraten. Rosmarin und Balsamicocreme dazugeben und alles noch etwa 10 Minuten braten, dabei ab und zu wenden. Mit Meersalz und Pfeffer abschmecken und abkühlen lassen.

3 Die Romanaherzen waschen, kurz abtropfen lassen, dann die Enden abschneiden und die Herzen in feine Streifen schneiden. In einer Salatschüssel Salat, Linsen, Kürbis und Sauerkraut mischen. Für das Dressing das restliche Öl mit Orangensaft, Senf, Dill, Meersalz und Pfeffer verrühren. Den Salat auf Tellern anrichten und mit dem Dressing beträufeln.

Asia-Spaghetti-Salat

VEGAN PREP TAKE AWAY

Für 2 Personen
Zubereitung: 45 Minuten

- 100 g Vollkornspaghetti
- Salz
- 200 g Naturtofu
- 1 TL Speisestärke
- 1 EL Sesamöl
- 100 g Rotkohl
- 1 rote Paprikaschote (ca. 150 g)
- 1 kleine Möhre (ca. 75 g)
- 100 g tiefgekühle Edamame (grüne, unreife Sojabohnenkerne)
- heißes Wasser zum Übergießen
- 2 EL gehacktes Koriandergrün
- 20 g ungesalzene Erdnusskerne
- 1 Knoblauchzehe
- 5 g Ingwer
- Saft von ½ Limette
- 2 EL Erdnussmus
- 1 TL Sriracha-Sauce (thailänd. Chilisauce)
- 2 EL Sojasauce
- 1 ½ TL Reisessig
- 1 TL Ahornsirup

Nährwerte pro Portion:
ca. 670 kcal,
39 g EW, 30 g F, 55 g KH

1 Die Nudeln nach Packungsanweisung in leicht gesalzenem Wasser bissfest garen. In ein Sieb abgießen und abtropfen lassen, dann in einer großen Salatschüssel abkühlen lassen.

2 Währenddessen den Tofu etwa 1 cm groß würfeln und in einer Schüssel so lange in Speisestärke und Salz wälzen, bis er rundum davon ummantelt ist. Die Tofuwürfel in einer Pfanne im Öl etwa 15 Minuten rundum knusprig braten. Herausnehmen und auf Küchenpapier abtropfen lassen.

3 Vom Rotkohl die äußeren Blätter und den harten Strunk entfernen, den Kohl in feine Streifen schneiden. Die Paprika längs halbieren, entkernen, waschen und in feine Streifen schneiden. Die Möhre schälen und ebenfalls in feine Streifen schneiden. Alles zu den Spaghetti geben.

4 Die Edamame in einer Schüssel mit kochend heißem Wasser übergießen und zugedeckt etwa 5 Minuten stehen lassen, dann in ein Sieb abgießen und abtropfen lassen. Das Koriandergrün mit den Edamame zum Salat geben. Die Erdnüsse in einer beschichteten Pfanne ohne Fett leicht anrösten. Herausnehmen und abkühlen lassen.

5 Für das Dressing den Knoblauch schälen und fein würfeln. Den Ingwer schälen und fein reiben. Beides mit Limettensaft, Erdnussmus, Sriracha-Sauce, Sojasauce, Reisessig und Ahornsirup gründlich verrühren.

6 Zum Servieren das Dressing in die Salatschüssel geben und alles sorgfältig mischen. Den Salat auf Tellern anrichten und mit Tofu und Erdnüssen garnieren.

1/2 DL

Arepas mit Bohnen und Guacamole

VEGAN PREP

Für 2 Personen
Zubereitung: 25 Minuten

- 250 ml lauwarmes Wasser
- 2 EL Olivenöl
- Salz
- 200 g Arepas-Mehl (Harina PAN, vorgegartes weißes Maismehl, aus dem Asialaden; ersatzweise Maismehl)
- 2 Tomaten
- 1 kleine rote Zwiebel
- 2 EL gehacktes Koriandergrün
- Saft von 1 Limette
- Peffer
- 1 Avocado
- 240 g schwarze Bohnen (aus Glas oder Dose)

Nährwerte pro Portion:
ca. 710 kcal,
18 g EW, 25 g F, 91 g KH

1 In einer Schüssel das lauwarme Wasser mit 1 EL Öl und ½ TL Salz mischen. Arepas-Mehl nach und nach mit einem Schneebesen gut untermischen, den Teig etwa 5 Minuten ziehen lassen. Inzwischen Tomaten waschen und klein würfeln, dabei Stielansätze entfernen. Zwiebel schälen und fein würfeln. Alles mit Koriander in einer Schüssel mischen.

2 Dann 1 TL Limettensaft mit Salz, Pfeffer und 1 TL Öl zum Salat geben. Die Avocado halbieren, entkernen, Fruchtfleisch aus den Schalen lösen und in einer Schüssel mit einer Gabel zerdrücken. Sofort mit übrigem Limettensaft beträufeln, damit sich die Avocado nicht bräunlich verfärbt, salzen.

3 Den Teig in 6 Portionen teilen. Aus jeder Teigportion mit den Händen eine kleine Kugel formen und zu einem etwa 1 cm dicken Fladen drücken. Die Arepas in einer beschichteten Pfanne im restlichen Öl bei mittlerer Hitze auf jeder Seite etwa 3 Minuten goldbraun backen. Herausnehmen und auf Küchenpapier abtropfen lassen.

4 Zum Servieren die schwarzen Bohnen in einem Sieb abbrausen und abtropfen lassen. Die Arepas auf einer Seite horizontal öffnen und mit den Bohnen und dem Tomatensalat (Pico de Gallo) füllen. Die Guacamole dazu reichen.

MEIN GESUNDHEITSTIPP

Die Avocado heißt auch Butterbirne, was auf ihr großes Plus verweist: den hohen Fettgehalt! Anders als bei „echter" Butter ist das Fett aber pflanzlich und das Fettsäuremuster äußerst wertvoll. 100 Gramm Avocado enthalten gut 1,6 Gramm mehrfach ungesättigte und 8,1 Gramm einfach ungesättigte Fettsäuren. So ist sie der ideale Helfer für eine gesunde Gewichtszunahme.

FERMENTIERTES GEMÜSE

Fermentieren bedeutet „vergären" – auf leckere Art. Für den säuerlichen Geschmack und die darmgesunde Wirkung der Gemüse sorgen natürlich vorhandene Milchsäurebakterien.

Fermentierte Rote Bete

Für 6 Portionen: 1 Rote Bete (ca. 200 g) putzen, gründlich mit einer Gemüsebürste waschen und auf der Gemüsereibe grob raspeln. 5 g Ingwer schälen und fein reiben. Beides mit 1 TL bunten Pfefferkörnern und 6 g Salz (3 % des Gemüsegewichts) in ein verschließbares Glas (etwa ein Joghurtschraubglas) füllen. So viel Wasser dazugießen, dass das Gemüse komplett bedeckt ist. Das Gemüse zum Beispiel mit einer kleinen Schale oder einem kleinen Glas beschweren. Das Glas bei Raumtemperatur erst offen 2 bis 3 Tage stehen lassen. Danach verschließen und die Rote Bete noch etwa 1 Woche stehen lassen. Danach hält sich das fermentierte Gemüse gut verschlossen im Kühlschrank mehrere Monate. Es passt zu Feldsalat und Feta oder auf ein Vollkornbrot mit Ziegenfrischkäse.

Zubereitung: 20 Minuten
Fermentieren: mind. 7 Tage
Nährwerte pro Portion:
ca. 15 kcal, 0 g EW, 0 g F, 2 g KH

VEGAN PREP

⟼

Fermentierte Möhren

Für 6 Portionen: 1 Möhre (ca. 120 g) gründlich mit einer Gemüsebürste waschen und in feine Scheiben schneiden. 1 rote Zwiebel (ca. 75 g) schälen, halbieren und in feine Scheiben schneiden. 3 Zweige Rosmarin waschen und trocken tupfen (ersatzweise 1 TL getrockneter Rosmarin). Alles mit 6 g Salz in ein verschließbares Glas füllen. So viel Wasser dazugießen, dass das Gemüse vollständig bedeckt ist. Wie bei der Roten Bete (siehe links) fortfahren. Die Möhren passen zu grünem Blattsalat oder Antipasti.

Zubereitung: 20 Minuten
Fermentieren: mind. 7 Tage
Nährwerte pro Portion:
ca. 10 kcal, 0 g EW, 0 g F, 1 g KH

⟼

VEGAN PREP

Fermentierter Kürbis

Für 6 Portionen: 250 g Hokkaido-Kürbis waschen, entkernen und auf der Gemüsereibe grob raspeln. 3 Zweige Thymian waschen und trocken tupfen. 2 Knoblauchzehen schälen und längs halbieren. Alles mit 7 ½ g Salz in ein verschließbares Glas füllen. Wie bei der Roten Bete (siehe links) fortfahren. Der Kürbis passt zu einer bunten Bowl, zum Beispiel mit Buchweizen, oder zu einem Vollkornbrot mit Kräuterquark.

Zubereitung: 20 Minuten
Fermentieren: mind. 7 Tage
Nährwerte pro Portion:
ca. 15 kcal, 0 g EW, 0 g F, 2 g KH

VEGAN PREP

MEIN GESUNDHEITSTIPP

Fermentieren geht relativ einfach und klappt mit fast jedem Gemüse. Nach 5 bis 7 Tagen sind Rote Bete, Möhren oder Kürbis vergoren – und werden immer saurer, je länger man sie stehen lässt. Dabei wandeln Milchsäurebakterien nach und nach Zucker aus dem Gemüse in Milchsäure um, die unser Mikrobiom stärkt. Zusätzlich entstehen wertvolle Vitamine.

Selleriesalat mit Matjes

FIX PREP TAKE AWAY

Für 2 Personen
Zubereitung: 15 Minuten

- 350 g Knollensellerie
- 50 g Staudensellerie
- 2 Frühlingszwiebeln
- 80 g säuerlicher Apfel
- 6 Walnusskernhälften
- 2 EL Walnussöl
- 2 EL Zitronensaft
- Salz, Pfeffer
- 1 Handvoll Petersilienblätter
- 4 Matjesfilets (à ca. 65 g)

Nährwerte pro Portion:
ca. 625 kcal,
26 g EW, 50 g F, 13 g KH

1 Den Knollensellerie putzen, schälen und auf der Gemüsereibe grob in Späne hobeln. Staudensellerie und Frühlingszwiebeln putzen, waschen und in dünne Scheiben schneiden. Den Apfel schälen, entkernen und in kleine Würfel schneiden. Die Walnüsse grob hacken.

2 Für das Dressing Öl und Zitronensaft gut mischen und mit Salz und Pfeffer abschmecken. Beide Selleriesorten, Frühlingszwiebeln, Apfel und Walnüsse in eine Salatschüssel geben und mit dem Dressing gründlich mischen. Den Salat etwa 5 Minuten ziehen lassen.

3 Zum Servieren die Petersilie waschen, trocken tupfen und fein hacken. Jeweils 2 Matjesfilets mit dem Selleriesalat auf Tellern anrichten und mit der Petersilie garnieren.

MEIN GESUNDHEITSTIPP

Matjeshering darf ruhig öfter auf den Teller: Er enthält reichlich immunstärkende und entzündungshemmende Omega-3-Fettsäuren. Diese stecken in großer Konzentration nicht nur in fetten Meeresfischen wie eben Hering, Lachs und Makrele, sondern auch in kleinen Krebstieren aus kalten Gewässern (Krill) und bestimmten Mikroalgen (z. B. Spirulina- und Chlorella-Algen).

Ceviche mit Avocado und Mais

PREP

Für 2 Personen
Zubereitung: 20 Minuten
Marinieren: 30 Minuten

- 400 g Fischfilet (z. B. von Heilbutt oder Seebarsch)
- 5–6 Limetten
- 1 rote Zwiebel
- 1–2 Handvoll Koriandergrün
- 1 Maiskolben (vorgegart)
- 1 Avocado
- 1 TL Salz
- Pfeffer
- ½ TL edelsüßes Paprikapulver
- 4–6 Scheiben Vollkornbrot (à ca. 45 g)

Nährwerte pro Portion:
ca. 665 kcal,
53 g EW, 19 g F, 62 g KH

1 Den Fisch waschen, trocken tupfen und in 1 bis 2 cm große Würfel schneiden. Die Limetten halbieren und auspressen. Zwei Drittel des Limettensafts über die Fischwürfel gießen und gut unterrühren, den Fisch abgedeckt im Kühlschrank mindestens 30 Minuten ziehen lassen. (Je nachdem, wie viel Saft die Limetten ergeben, werden mehr oder weniger gebraucht. Wichtig ist, dass genug vorhanden ist, um den Fisch darin zu „garen" und den authentischen Ceviche-Geschmack zu erzeugen.)

2 Inzwischen die Zwiebel schälen und in sehr dünne Streifen schneiden, mit dem restlichen Limettensaft mischen und etwa 5 Minuten ziehen lassen.

3 Das Koriandergrün waschen, trocken tupfen und samt Stielen fein hacken. Vom Maiskolben die Körner mit einem Messer abschneiden. Die Avocado halbieren, entkernen, das Fruchtfleisch aus den Schalen lösen und klein würfeln.

4 Zum Servieren Zwiebel, Koriander, Mais, Avocado und Limettensaft zum Fisch geben und locker unterheben, alles mit Salz, Pfeffer und Paprikapulver würzen. Die Ceviche mit Vollkornbrot servieren. Dazu passt noch ein Salat, wie zum Beispiel der Pico de Gallo von den Arepas auf Seite 144.

Artischockensalat

VEGGIE FIX PREP TAKE AWAY

Für 2 Personen
Zubereitung: 20 Minuten

- 300 g Artischockenherzen (in Lake)
- 70 g Rucola
- 1 Handvoll Minzeblätter
- 1 Handvoll Koriandergrünblätter
- 1 kleine Zwiebel
- 1 Bio-Zitrone
- 60 g Pecorino (am Stück, ersatzweise Parmesan)
- 2 EL gehackte Mandeln
- 3 EL Olivenöl
- Salz, Pfeffer

Nährwerte pro Portion:
ca. 400 kcal,
16 g EW, 30 g F, 7 g KH

1 Die Artischockenherzen in ein Sieb abgießen und gut abtropfen lassen, dann jeweils vierteln. Rucola, Minz- und Korianderblätter verlesen, waschen und trocken tupfen.

2 Die Zwiebel schälen und in feine Ringe schneiden. Die Zitrone heiß waschen, abtrocknen und etwa 1 TL Schale fein abreiben, dann die Zitrone halbieren und etwa 2 EL Zitronensaft auspressen. Den Pecorino in grobe Späne hobeln. Die Mandeln in einer kleinen Pfanne ohne Fett anrösten, herausnehmen und abkühlen lassen.

3 Für das Dressing Zitronenschale, -saft, Öl, Salz und Pfeffer in einer Salatschüssel gut verrühren. Artischocken, Rucola, Minze- und Korianderblätter sowie Zwiebelringe dazugeben und mit dem Dressing mischen. Den Salat auf Tellern anrichten und mit Pecorino und Mandeln garnieren. Dazu passt pro Person noch 1 Scheibe Dinkeltoast.

Möhrennudelsalat mit Räucherlachs

FIX *PREP* *TAKE AWAY*

Für 2 Personen
Zubereitung: 15 Minuten

- 250 g Möhren (ca. 3 Möhren)
- 100 g junger Spinat
- 120 g Maiskörner (aus Glas oder Dose)
- 2 EL Zitronensaft
- 2 EL Walnussöl
- 1 EL helles Mandelmus
- 1 Knoblauchzehe
- 5 g Ingwer
- Salz, Pfeffer
- 2 EL Pinienkerne
- 4 Scheiben geräucherter Lachs (ca. 100 g)
- 2 TL geriebener Meerrettich

Nährwerte pro Portion:
ca. 450 kcal,
19 g EW, 28 g F, 23 g KH

1 Die Möhren schälen und mit dem Sparschäler in Streifen schneiden. Den Spinat verlesen, waschen und trocken tupfen. Den Mais in einem Sieb abbrausen und abtropfen lassen. Alles in einer Salatschüssel mischen.

2 Für das Dressing Zitronensaft, Öl und Mandelmus in einer kleinen Schüssel verrühren. Den Knoblauch schälen und dazupressen. Den Ingwer schälen und dazureiben. Mit Salz und Pfeffer würzen. Das Dressing in die Salatschüssel geben und locker unter die Zutaten mischen.

3 Die Pinienkerne in einer Pfanne ohne Fett anrösten, herausnehmen und abkühlen lassen. Zum Servieren den Lachs in Streifen schneiden, den Salat auf Teller verteilen und mit den Lachsstreifen belegen. Alles mit geriebenem Meerrettich und Pinienkernen bestreuen.

Glasnudelsalat mit Rinderfiletstreifen

PREP TAKE AWAY

Für 2 Personen
Zubereitung: 25 Minuten

- 80 g Glasnudeln
- heißes Wasser zum Übergießen
- 5 g getrocknete Wakame-Algen
- 2 EL Sojasauce
- 2 EL Limettensaft
- 1 EL Ahornsirup
- Salz, Pfeffer
- 1 Msp. Chilipulver
- 2 EL ungesalzene Erdnusskerne
- 1 rote Paprikaschote
- 1 Möhre
- 150 g Lauch
- 150 g Champignons
- 2 EL Sesamöl
- 150 g Rinderfilet
- 2 EL gehacktes Koriandergrün

Nährwerte pro Portion:
ca. 480 kcal,
25 g EW, 19 g F, 49 g KH

1 Die Glasnudeln in der Mitte durchbrechen, in einer Schüssel mit kochend heißem Wasser übergießen und etwa 5 Minuten ziehen lassen. Algen in reichlich kaltem Wasser etwa 5 Minuten einweichen, dann abgießen und abtropfen lassen.

2 Für das Dressing Sojasauce, Limettensaft, Ahornsirup, Salz, Pfeffer und Chilipulver verrühren. Die Erdnüsse grob hacken.

3 Die Nudeln in ein Sieb abgießen und abtropfen lassen. Paprika längs halbieren, entkernen, waschen und in Streifen schneiden. Möhre schälen und in dünne Stifte schneiden. Lauch waschen, putzen und in Streifen schneiden. Pilze putzen, falls nötig, trocken abreiben und in Scheiben schneiden.

4 In einer Pfanne 1 EL Öl erhitzen und Paprika und Möhre darin etwa 5 Minuten anbraten. Nach etwa 3 Minuten den Lauch und die Pilze hinzufügen und mit anbraten. Das Gemüse in eine Salatschüssel geben und beiseitestellen.

5 Das Rindfleisch in etwa 1 cm dicke Streifen schneiden und in einer Pfanne im übrigen Öl auf jeder Seite 2 bis 3 Minuten scharf anbraten. Die Glasnudeln und Algen zum Gemüse geben, mit dem Dressing gut mischen und auf Tellern anrichten. Die Rindfleischstreifen wie einen Fächer daraufsetzen und alles mit Koriandergrün und Erdnüssen garnieren.

MEIN GESUNDHEITSTIPP

Algen sind ein echtes Superfood, besonders für Veganer. Sie enthalten neben Zink und Folsäure vor allem das Spurenelement Jod, das sonst vorwiegend in tierischen Lebensmitteln wie Fisch und Meeresfrüchten steckt. Allerdings variiert der Jodgehalt je nach Algenart: Relativ viel liefern Kombu, Arame und Meeresspaghetti, Wakame etwas weniger. Algenöl ist dagegen jodfrei.

SÜSSE SNACKS

Süßhunger-Alarm? Dann können Sie mit gutem Gewissen zu diesen Desserts greifen. Denn sie alle liefern neben süßem Geschmack viel Gesundes – und sind daher absolut erlaubt.

Mohn-Zitronen-Muffins

Für 8 Stück: Den Backofen auf 160 °C Umluft oder 180 °C Ober-/Unterhitze vorheizen. Eine Muffinform mit 8 Papierförmchen auslegen. 200 g Dinkelvollkornmehl, 2 TL Backpulver, 1 Päck. Vanillezucker und 5 EL gemahlenen Mohn in einer Rührschüssel mischen. Die abgeriebene Schale von ½ Bio-Zitrone, 250 g Speisequark, 200 ml ungesüßtem Mandeldrink und 50 ml Ahornsirup hinzufügen, alles mit einem Löffel zügig verrühren. Den Teig in die Förmchen füllen und im Ofen auf der mittleren Schiene etwa 30 Minuten backen, herausnehmen und auf einem Kuchengitter abkühlen lassen. Wer mag, kann die abgeriebene Zitrone noch in dünne Scheiben schneiden, jeweils 1 Scheibe vor dem Backen auf einen Muffin andrücken und mit 2 TL Rohrohrzucker bestreuen.

Zubereitung: 15 Minuten
Backen: 30 Minuten
Nährwerte pro Stück:
ca. 190 kcal, 9 g EW, 5 g F, 25 g KH

VEGGIE PREP TAKE AWAY

Selbst gemachte Apfelchips

Für 2 Personen: Den Backofen auf 70 °C Umluft vorheizen. Zwei Backbleche mit Backpapier belegen. 2 säuerliche Äpfel waschen und mit dem Apfelentkerner Strunk und Kerne entfernen. Die Äpfel in sehr dünne Scheiben schneiden oder hobeln. Die Apfelscheiben einzeln auf die Backbleche legen und im Ofen etwa 3 Stunden trocknen lassen. Herausnehmen, abkühlen lassen, mit etwas Zimtpulver, frisch geriebener Muskatnuss oder Nelkenpulver bestäuben und luftdicht verpacken. So halten sie mindestens 1 Woche.

Zubereitung: 15 Minuten
Trocknen: 3 Stunden
Nährwerte pro Portion:
ca. 75 kcal, 0 g EW, 0 g F, 17 g KH

VEGAN PREP TAKE AWAY

MEIN GESUNDHEITSTIPP

Antientzündliche Ernährung bedeutet, auf stark gesüßte Lebensmittel und weißen Zucker zu verzichten. Denn Zucker enthält – wie auch helles Mehl – schnell verfügbare Kohlenhydrate, die Entzündungen im Stoffwechsel befeuern. Gesunde Alternativen sind: getrocknete Früchte, Ahornsirup, Agavendicksaft, Rohrohrzucker (alles in Maßen) und Vollkornmehl.

Süßer Kürbisauflauf

Für 6 Personen: Den Backofen auf 160 °C vorheizen. 180 g Dinkelvollkorn-Toastbrote auf dem Boden einer Auflaufform (ca. 15 x 25 cm) verteilen. 500 g Hokkaido-Kürbis waschen, entkernen und auf der Gemüsereibe grob raspeln. Mit 3 Bio-Eiern (Größe M), 400 ml ungesüßtem Haferdrink, 100 g Hafersahne, 120 g Cranberrys (ungezuckert, ersatzweise Rosinen), 60 g Rohrzucker, je 1 TL Zimtpulver und gemahlener Vanille, je ½ TL geriebenem Ingwer und Muskatnuss sowie 1 Prise Salz in einer Rührschüssel mit den Quirlen des Handrührgeräts schaumig rühren. Die Masse über die Toasts gießen und glatt streichen. Den Auflauf im Ofen auf der mittleren Schiene etwa 40 Minuten backen. Herausnehmen und kurz abkühlen lassen. Er schmeckt pur, aber auch mit Pflaumenkompott oder Vanilleeis.

Zubereitung: 15 Minuten
Backen: 40 Minuten
Nährwerte pro Portion:
ca. 285 kcal, 8 g EW, 6 g F, 46 g KH

VEGGIE

LEBENSMITTELAUSWAHL AUF EINEN BLICK

Was verschärft Symptome bei Long Covid und CFS? Und was verbessert umgekehrt die Beschwerden? Die folgende Tabelle zeigt Ihnen günstige und ungünstige Nahrungsmittel in der Übersicht. Damit Sie im Alltag künftig souveräner zu dem Essen greifen, das Ihnen hilft.

Kategorie	Empfehlenswert	Nicht empfehlenswert
Brot, Getreide und Beilagen wie Nudeln, Kartoffeln, Reis ▸ ca. 2 Portionen/Tag (z. B. à 30–40 g Haferflocken)	Vollkornbrot; Haferflocken, Müsli ohne Zucker; Vollkornnudeln, Vollkornreis, Pellkartoffeln	Weißbrot, Toastbrot, Croissant, Knäckebrot, Zwieback, Weizen- und Milchbrötchen, Laugengebäck; Hartweizennudeln, geschälter Reis, Pommes, Kroketten, Kartoffelbrei, Pfannkuchen, Kartoffelpuffer
Snacks, Knabberkram (max. 1 kleine Handvoll/Tag)	(gelegentlich: mindestens 70 %-ige Zartbitterschokolade, Nüsse und Trockenfrüchte, Gemüsechips)	Süßigkeiten, süße Backwaren, süße Milchprodukte (siehe rechts), Eiscreme, Chips, Salzgebäck
Obst ▸ 1–2 Handvoll/Tag (200–250 g)	sämtliches zuckerarmes Obst (wie Beeren, Äpfel, Papaya, Orangen usw.); **nur in Maßen, da zuckerreich:** Ananas, Banane, Birne, Honigmelone, Kaki (Sharon), Mango, Süßkirschen, Weintrauben	gezuckerte Obstkonserven und Obstmus, kandiertes Trockenobst
Gemüse ▸ 3 Portionen/Tag (ca. 500 g)	Artischocken, alle Salatsorten, gerne mit Bitterstoffen (Chicorée, Radicchio, Löwenzahn), Gurke, Fenchel, Pak Choi, Kohl aller Art, Hülsenfrüchte, Möhren, Spinat, Zucchini, Radieschen, Spargel, Sauerkraut, alle Pilzarten; Kräuter; Blätter von Roter Bete, Kohlrabi	**in Maßen:** Gemüsemischungen mit Butter oder Sahne
Nüsse und Samen ▸ 30–40 g/Tag	Mandeln, Walnüsse, Haselnüsse, Cashewkerne, Macadamianüsse, Pinienkerne, Kürbiskerne; Leinsamen, Chiasamen; **in Maßen:** Sonnenblumenkerne	gesalzene Nüsse

Kategorie	Empfehlenswert	Nicht empfehlenswert
Fette und Öle ▸ 2–3 EL/Tag	Leinöl*), Weizenkeimöl*), Hanföl*), Chia-Öl*), Olivenöl, Rapsöl, Walnussöl, wenig Butter; **zum Braten:** Kokosöl	Schweine- und Gänseschmalz, Butterschmalz, Palmfett, Mayonnaise, Sonnenblumenöl, Distelöl
Getränke ▸ 1 ½–2 Liter/Tag	Wasser, ungezuckerter Tee – besonders grüner Tee, Kräutertee; bis zu 3 Tassen Kaffee (schwarz)	Fruchtsaft, Softdrinks, Sojadrink, Milchmixgetränke (s. u.), Alkohol
Fisch und Meeresfrüchte ▸ 2 Portionen/Woche (à ca. 100 g)	frischer (oder TK-) Fisch und Meeresfrüchtes	Fisch in Mayonnaise oder Sahne eingelegt, panierter Fisch
Wurstwaren und Fleisch ▸ max. 1–2 Portionen/ Woche (à ca. 100 g)	Hühnerfleisch, Putenfleisch/-aufschnitt; **selten:** Rinderfilet, Kalbfleisch oder Wild, Corned Beef	generell fettes Fleisch und Schweinefleisch, wie Schinkenspeck, Fleischkäse/Leberkäse, Nackenfleisch, Bauchspeck, und Wurstwaren – ob Aufschnitt, Koch-, Grill-, Brat- oder Bockwurst; paniertes Fleisch
Eier, Milchprodukte, Käse ▸ bis 300 g/Tag	Bio-Eier (ca. 3 pro Woche), Milch 1,5 % Fett, Buttermilch, Speisequark bis 20 % Fett, Naturjoghurt 1,5 % Fett; **selten:** Sahne, saure Sahne, Crème fraîche; Käse bis 45 % Fett i. Tr.: Schnittkäse, Weichkäse, Feta (Schafskäse), Mozzarella, körniger Frischkäse (Hüttenkäse)	gesüßte Fertigprodukte wie Pudding, Milchreis, Fruchtjoghurt, Fruchtquark, Sahnequark, Kakaozubereitungen, Fruchtbuttermilch

* Herstellung unter Ausschluss von Sauerstoff, Hitze und Licht (Oxyguard-/Omega-Safe-Verfahren).
Empfehlungen erarbeitet in Kooperation mit Matthias Riedl, Ärztlicher Direktor des medicum Hamburg.

MEIN GESUNDHEITSTIPP

Häufig können wir uns im Alltag nur schwer entscheiden, was wir am besten essen. Auch bei Gesundem. Drei Grundregeln helfen: **1.** Pflanzlich gewinnt – also lieber (selbst gemachter) Linsen-Burger als Putenschnitzel. **2.** Heimisch gewinnt – also lieber Buchweizen als Quinoa. **Und 3:** Vielfalt gewinnt – also lieber Gemüsepfanne oder bunter Salat als Mono-Möhre.

Sachregister

Rezeptregister

Literatur & Adressen

Bücher zum Thema

Ellert, Claudia: Long Covid. Wege zu neuer Stärke: Symptome, Behandlungswege, Hilfe zur Selbsthilfe. ZS-Verlag 2022

Frommhold, Jördis: Long Covid – die neue Volkskrankheit. Wie man sie erkennt, warum sie so viele betrifft und was wirklich hilft. Beck Verlag 2022

Korte, Martin: Long Covid. Wenn der Gehirnnebel bleibt: Die gefährlichen Langzeitfolgen von Corona – auf Basis neuester Forschungserkenntnisse zu Ursachen, Therapien, Heilungschancen. DVA 2022

Meier, Gitta, und Winkler, Nils: Das Monster danach. Die neue, alte Volkskrankheit ME/CFS. Was sie mit uns macht, warum sie so viele Covid-Genesene trifft, und was wir tun können. Nova MD (Selbstverlag) 2022

Post-Covid Clinic: Das Long Covid Selbsthilfe-Buch: Symptome erkennen, bewältigen und ins Leben zurückfinden. Von den Spezialisten der Post-Covid Clinic. Rowohlt 2022

Hilfreiche Adressen

www.longcovid-info.de
Infoportal zum Thema Long Covid, betrieben von der Bundeszentrale für gesundheitliche Aufklärung. Informationen für Betroffene und Angehörige, auch zu Spezialthemen wie Rehabilitationsmaßnahmen.

www.longcoviddeutschland.org
Website von Long Covid Deutschland, einem privaten Zusammenschluss von Long-Covid-Betroffenen und deren Angehörigen aus ganz Deutschland. Die Initiative tritt für mehr Aufklärung und Forschung zu Long Covid sowie eine bessere medizinische Versorgung von Betroffenen ein. Zudem betreibt sie eine digitale „Long Covid Deutschland Selbsthilfegruppe" und listet Post-Covid-19-Ambulanzen auf.

www.rki.de/long-covid
Long-Covid-Portal des Robert-Koch-Instituts.

www.deutsche-rentenversicherung.de
Infos und Formulare, um eine spezielle Long-Covid-Reha zu beantragen.

WHO Europa
Empfehlungen zur Unterstützung einer selbstständigen Reha nach Covid-19-bedingter Erkrankung. www.who.int/europe/de/publications/i/item/WHO-EURO-2021-855-40590-59892.

www.mecfs.de
Internetauftritt der Deutschen Gesellschaft für Myalgische Enzephalomyelitis/Chronisches Fatigue-Syndrom.

www.bdem.de
Website des Bundesverbands Deutscher Ernährungsmediziner – mit Suchfunktion, um eine Schwerpunktpraxis für Ernährungsmedizin in Ihrer Wohnortnähe zu finden.

https://register.awmf.org/assets/guidelines/020-027p_S1_Post_COVID_Long_COVID_2023-02.pdf
Leitlinie „Long-/Post-Covid-Syndrom" für Betroffene, Angehörige, nahestehende und pflegende Personen, die sich auf eine ärztliche Leitlinie stützt.

www.myfooddoctor.de
Unter dieser Adresse ist seit 2021 eine ernährungsmedizinische App von Dr. Matthias Riedl auf dem Markt erhältlich.

Erklärende Studien

Bramante CT, Huling JD, Tignanelli CJ et al.: Randomized Trial of Metformin, Ivermectin, and Fluvoxamine for Covid-19. N Engl J Med. 2022; 387(7): 599–610.
DOI: 10.1056/NEJMoa2201662

Bräunlich J, Dinse-Lambracht A: Decreased level of vitamin D in Post-Covid-19 patients compared to a control group. In: 63. Kongress der Deutschen Gesellschaft für Pneumologie und Beatmungsmedizin e.V. Pneumologie. März 2023, S 01/Vol 77.
DOI: 10.1055/s-00000059

Captur G, Moon JC, Topriceanu CC et al.: Plasma proteomic signature predicts who will get persistent symptoms following SARS-CoV-2 infection. EBioMedicine. 2022; 85: 104293.
DOI: 10.1016/j.ebiom.2022.104293

Kovarik JJ, Bileck A, Hagn G et al.: A multi-omics based anti-inflammatory immune signature characterizes long Covid-19 syndrome. iScience. 2023; 26(1): 105717.
DOI: 10.1016/j.isci.2022.105717

Kwan AC, Ebinger JE, Botting P, Navarrette J, Claggett B, Cheng S: Association of Covid-19 Vaccination with Risk for Incident Diabetes After Covid-19 Infection. JAMA Netw Open. 2023; 6(2): e2255965.
DOI: 10.1001/jamanetworkopen.2022.55965

Puntmann VO, Martin S, Shchendrygina A et al.: Long-term cardiac pathology in individuals with mild initial Covid-19 illness. Nat Med. 2022; 28(10): 2117–2123.
DOI: 10.1038/s41591-022-02000-0

Ruhe J, Giszas B, Schlosser M, Reuken PA, Wolf G, Stallmach A: Immune adsorption for the treatment of fatigue-dominant long-/post-Covid syndrome – a case series of standardized individual experimental therapy. Dtsch Arztebl Int 2023; 120.
DOI: 10.3238/arztebl.m2023.0073

Tesch F et al.: Incident autoimmune diseases in association with a SARS-CoV-2 infection: A matched cohort study. medRxiv (preprint). Jan 2023.
DOI: 10.1101/2023.01.25.23285014

Wang S, Li Y, Yue Y et al.: Adherence to Healthy Lifestyle Prior to Infection and Risk of Post-Covid-19 Condition. JAMA Intern Med. 2023; 183(3):232-241.
DOI: 10.1001/jamainternmed.2022.6555

Xu E, Xie Y, Al-Aly Z: Long-term gastrointestinal outcomes of Covid-19. Nat Commun. 2023; 14(1): 983.
DOI: 10.1038/s41467-023-36223-7

Hinweis
Die Ratschläge in diesem Buch wurden mit größter Sorgfalt von Autor und Verlag erarbeitet und geprüft. Eine Garantie kann jedoch nicht übernommen werden. Ebenso ist eine Haftung des Autors bzw. des Verlags und seiner Beauftragten für Personen-, Sach- oder Vermögensschäden ausgeschlossen. Erkrankungen mit ernstem Hintergrund gehören in ärztliche Behandlung! Bei bereits bestehenden Beschwerden kann das Buch daher keinen fachärztlichen Rat ersetzen.

ZUM AUTOR

Dr. med. Matthias Riedl ist ärztlicher Direktor der von ihm 2008 gegründeten medicum Hamburg MVZ GmbH, die einzigartig in Europa die Diabetologie mit der Ernährungsmedizin und neun angrenzenden Facharztrichtungen ganzheitlich verbindet. Der Internist, Diabetologe und Ernährungsmediziner ist außerdem als Publizist für Fachzeitschriften und Verlage, Berater für Firmen und Krankenkassen sowie als Dozent auf internationalen Kongressen und Lehrbeauftragter zweier Universitäten tätig. Im Vorstand des Bundesverbands Deutscher Ernährungsmediziner (BDEM e. V.) engagiert er sich für die Förderung der Ernährungstherapie.

Folgen Sie Dr. Riedl auf Facebook und Instagram:
www.facebook.com/edocriedl
www.instagram.com/drmatthiasriedl

Weitere Bücher des Autors

→ Mein Weg zur gesunden Ernährung
→ Der Hafer-Masterplan
→ Die Bücher der Ernährungs-Docs

IMPRESSUM

Hinter jedem tollen Buch steckt ein starkes Team

Projektleitung: *Kathrin Ullerich*
Texte: *Kathrin Halfwassen*
Rezepte: *medicum Hamburg (Josephine Danneberg, Lena Voigt, Johanna Zeller)*
Lektorat: *Kathrin Gritschneder*
Grafische Gestaltung: *Ina Zimmermann*
Satz: *Georg Feigl*
Fotografie: *Coco Lang*
Foodstyling: *Michael Koch, Julia Skowronek, Akos Neuberger*
Herstellung: *Frank Jansen*
Producing: *Jan Russok*
Druck & Bindung: *optimal Media, Röbel*

1. Auflage 2023
© 2023 Edel Verlagsgruppe GmbH
Kaiserstraße 14 b
D-80801 München
ISBN: 978-3-96584-350-9

BILDNACHWEIS

Pauline Karlson: 19; Shutterstock: 13, 15, 16, 17, 22, 26, 27, 28, 29, 34, 35, 36, 40, 41; Andreas Sibler: Autorenfotos Cover und S. 4

LIEBE LESERINNEN, LIEBE LESER

wie schön, dass Sie ein Buch von ZS in den Händen halten. „jetzt leben!" ist das Motto unseres Verlages. Es steht für Genuss und Inspiration, Unterstützung und Motivation. Ob Kulinarik oder Fitness, Gesundheit oder Lebenshilfe – seit über 30 Jahren bieten wir kompetente Ratgeber für (fast) alle Lebenslagen. Wir lieben Tradition genauso wie Innovation – sie treiben uns an. Unsere Autorinnen und Autoren sind Menschen, die zu ihrem Thema wirklich etwas zu sagen und zu schreiben haben. Unsere Produkte sind erzählerisch, appetitmachend und als gedruckte Bücher haptisch echte Erlebnisse. Für Sie mit ganz viel Liebe gemacht! Entdecken Sie mehr aus unserer wunderbaren Welt!

UNSER VERLAGSHAUS

Mit Standorten in München, Hamburg und Berlin zählt die Edel Verlagsgruppe zu den größten unabhängigen Buchanbietern Deutschlands. Zur Edel Verlagsgruppe gehört unter anderem ZS mit seinen Lizenzmarken Dr. Oetker Verlag, Kochen & Genießen und Phaidon by ZS.

ZS - Ein Verlag der Edel Verlagsgruppe
www.zsverlag.de
www.facebook.com/zsverlag
www.instagram.com/zsverlag

FÜR DIE UMWELT

ZS unterstützt bei der Produktion dieses Buches das Projekt „Junge Riesen für die nächsten 100 Jahre" im Naturpark Nossentiner/Schwinzer Heide. Damit wird ein Anteil der unvermeidbaren CO_2-Emissionen im direkten Umfeld des Produktionsstandortes kompensiert.

PARTNER
Naturpark
Nossentiner / Schwinzer Heide
www.optimal-media.com/naturschutzprojekt-001

NEWSLETTER

Was koche ich heute Feines? Und wie geht das – schmackhaft und gesund?

Melden Sie sich jetzt zum ZS-Genuss-Service an und verpassen Sie keine kulinarischen und gesundheitlichen Trends mehr.
Wir informieren Sie regelmäßig über unsere Neuerscheinungen, Aktionen oder Gewinnspiele und verraten Ihnen unsere Lieblingsrezepte!

GEWINNEN

Unter allen Neuabonnierenden verlosen wir jeden Monat eine *ZS-Genuss-Box* im Wert von 75,00 €.

Jetzt anmelden unter:
www.zsverlag.de/newsletter
oder den QR Code scannen:

ANMELDEN!